Prepárate para Conquistar

UNA GUÍA PARA VIVIR EL MEJOR AÑO DE TU VIDA

Melissa,
Que este sea el año de una de tus mayores conquistas!
Raq

Jessica Pereira - Raquel Ureña - Gelena Solano

NYC Latin Media LLC
Yonkers, NY. 10701
Visita nuestro website en www.nyclatinmedia.com

Para información sobre precios especiales por compras al por mayor, por favor contacte a NYC Latín Media Ventas especiales al 917-310-2126 o escribir a info@nyclatinmedia.com

Primera Edición: Enero 6, 2018

ISBN: : 7605781
ISBN-13: 978-1977544100

Diseño de libro por Wilmer Fiore
Editado por: Richard Hernández y Mercedes Ogando

ESTE ES UN REGALO PARA:

____

POR:

____

DECIDÍ REGALARTE ESTE LIBRO PORQUE:

____

____

____

____

____

FECHA _______________

DEDICATORIA

Hace 20 años éramos mujeres soñadoras, hoy la realidad supera la ficción; por tal virtud, dedicamos este libro a la personas que están listas para abandonar su zona de confort y darle seguimiento paso a paso a sus sueños. En el camino a lograr nuestras metas nos encontramos con obstáculos, que en ocasiones sirven de combustible para encender la llama de nuestro pensamiento, pero la barrera mas difícil las encontramos en aquellas personas que dudaron de nuestros sueños y por un momento nos hicieron desconfiar de nuestra capacidad, es por eso que también a ellos, hoy le dedicamos este ejemplar.

Después del esfuerzo llega la recompensa, reza un popular refrán; es por eso, que a los que creyeron, nos apoyaron y nos impulsaron le dedicamos muchos de los párrafos plasmados en este libro.

Aquellos que nos vieron sufrir, caer, levantarnos ante tantas situaciones en el camino le damos las gracias porque hoy en día podemos dar fe y testimonio de lo que hemos logrado al tiempo de que nuestros sueños sirvan de inspiración para que otros tengan el deseo de alcanzar sus sueños.

Personas anónimas que en momentos fueron la brisa de nuestras alas y que nos exhortaron que siguiéramos nuestro camino sin mirar atrás y con la frente en alto. Hoy hemos logrado y conquistado parte de lo que queremos en nuestras vidas. Sin embargo, este año nos levantamos con más ánimo y fuerzas para emprender una nueva conquista que nos llevará por caminos desconocidos. Tenemos la certeza de que nuevamente seremos triunfadoras.

INDICE

PREPÁRATE PARA CONQUISTAR

INTRODUCCION

Este libro es para que le escribas, le dibujes y plasme todos tus anhelos. Subraya las ideas que más te toquen, apunta cualquier idea nueva que te llegue...es un libro de trabajo. Juega con él, escribe lo que quieras, esto no es para que nadie lo vea, esta es tu oportunidad para ponerte claro con lo que quieres y cómo va a ser tu vida de ahora en adelante.

Le podríamos llamar diario, lo que significa que apuntaras tus más preciados secretos y emociones por lo que no vas a querer dejarlo en cualquier lugar. Muchas de tus respuestas serán tus sentimientos personales, preocupaciones y áreas de tu vida en las que quieres mejorar. Te exhortamos a que tengas un lugar especial para este libro para que no caiga en manos de personas incrédulas y tóxicas que puedan desencantarte a perseguir tus sueños.

Aquí te vamos a hacer preguntas que te van a provocar el pensamiento, para que puedas enfocando tu mente y corazón a vivir el mejor año de tu vida. Te dejamos espacios para que puedas contestar, pero en ocasiones los espacios puede ser que te queden muy pequeños y además pueden haber preguntas que te induzcan a pensar en otras cosas importantes en tu vida por esa razón te recomendamos que tengas una libreta junto con este libro, o si eres más moderno entonces utiliza las notas en tu celular. Escribe en lápiz porque así puedes borrar y rehacer. Ponte creativo, usa colores, stickers lo que sea que te motive... ¡personalízalo! No hay correcto ni incorrecto, es tu vida aquí tú decides. Busca un lugar donde te sientas cómodo, o simplemente anda con él y aprovecha el tren, la espera en el medico o cualquier otro momento libre.

Es tiempo para reflexionar y escribir tus pensamientos. Escribe tus pensamientos, tus preguntas y tus sueños. Este es un libro que vas a poder usar de referencia en el futuro y podrás medir tu progreso.

Hemos diseñado este libro para que trabajes en él varias semanas, así es que tomate tu tiempo, pero mantén el compromiso de terminarlo para que puedas crear lo que tu consideres sea un plan efectivo para tu futuro. ¡El compromiso es clave!

Es posible contestar todas las preguntas mentalmente, pero está comprobado que hay una parte de ti que tomara más en serio aquellas cosas que tomas el tiempo para escribir, además tendrás un lugar físico donde ir a ver tus pensamientos...porque tener las cosas solo en la mente, solo permite que se nos olviden. En fin, nuestro consejo para sacarle el mayor beneficio a este libro es que … ¡TIENES QUE ESCRIBIR! ¡Confía en nosotras!

MI COMPROMISO

YO, ____________________ me comprometo a dedicar el tiempo necesario para hacer todos los ejercicios en este libro porque AHORA MISMO decido que este será uno de los mejores años de mi vida.

____

Nombre

____

Firma

____

Fecha

"La mayoría de la gente fracasa no por la falta de deseo, sino por la falta de compromiso." Vince Lombardi

"No puedes conquistar eso con lo que no te has comprometido." T.D Jakes

"Hay una diferencia entre el interés y el compromiso. Cuando estás interesado en hacer algo, solamente lo haces cuando es conveniente. Cuando estás comprometido con algo, no acepta excusas. Solo resultados." Ken Blanchard

1
CONÉCTATE CON TU GRAN SUEÑO

"CUANDO QUIERES ALGO TODO EL UNIVERSO CONSPIRA A TU FAVOR"

PAULO COELHO

Muchas veces el día a día nos arropa y nos olvidamos de aquel gran sueño que tuvimos alguna vez. Es normal, ya tenemos responsabilidades, y además, existen personas en nuestras vidas que nos han sembrado dudas sobre cómo lograr nuestros sueños. . A diario te encuentras personas que te expresan: "Eso es muy difícil", "No podrás hacerlo"; "Ay mi hijo yo también tenía sueños", "No es fácil; es que hay gente que no tiene suerte". Tal vez, tu caso sea diferente. ¿Sabes por qué? Porque a diferencia de esas personas que incitan a que dudes de ti mismo, tú tienes personas que te apoyan, te orientan, te escuchan y te empujan a luchar por tus metas. Pero no sabes, quizás, por dónde empezar.

Este libro es para ti si:

- Sabes que estas destinado para algo grande, y no sabes cómo empezar.
- Sientes que das vueltas esperando que pasara con tu vida en vez de diseñar un plan.
- Tienes metas para tu futuro, pero no sabes cómo materializarlas.
- Cada vez que empiezas a progresar algo o alguien interfiere con tus esfuerzos.
- Cuando consideras hacer un cambio positivo en tu vida, te llenas de temores y dudas que paralizan tu mente y te anulan.

Muchos hemos sido programados desde una temprana edad para ver la vida con límites y con paredes dentro de las cuales debemos operar. La buena noticia es, que podemos reprogramar nuestra mente y cambiar esos paradigmas mentales. Estás hecho para actuar desde un lugar de poder "Donde todo es posible" solo tienes que hacer unos pequeños cambios que también nosotros hicimos, estos cambios fueron fundamentales en la toma de decisión de nuestro rumbo que con el pasar del tiempo nos permitió lograr lo que nos propusimos, y aún lo que nos falta por lograr. Diariamente, nosotras competimos con nosotras mismas para ser mejores de lo que fuimos el día anterior. Lo que te vamos a presentar a continuación ya lo probamos y sabemos que funciona. Entre las tres hemos leído miles de libros, asistido a cientos de conferencias, seminarios y convenciones con la idea de recopilar y aplicar en nuestras vidas lo aprendido. Hemos tenido coaches personales y por eso te queremos entregar lo que hemos practicado para que tú también puedas cambiar la trayectoria de tu vida como lo hemos hecho nosotras. Lo que vamos a compartir contigo es bien sencillo, pero increíblemente poderoso.

Es por eso, que te vamos a explicar lo que debes tener en cuenta para darle riendas a tus sueños. Lo primero, es deshacerte de todas dudas y descubrir que es lo que realmente quieres en la vida teniendo claro tu destino aquí en esta tierra. Segundo, debes creer tanto en ti mismo, que el que se te acerque no tenga otra opción más que creer en ti.

"La confianza en si mismo es el primer secreto del éxito."
Ralph Waldo Emerson

Para poder proponerte metas y lograrlas debes tener claro y bien definido lo que realmente deseas y quieres en la vida. Ahí radica la clave para alcanzar la meta deseada. ¿Cuál es tu gran sueño? ¿Qué es lo que tú realmente quieres? ¿Quién quieres ser y cómo quieres que sea tu vida?

Esto no se trata de escribir tus metas y que algún día se hagan realidad. Se trata de tomar el tiempo para diseñar un plan específico y detallado minuciosamente para llevarlo a cabo en tu vida; después tomar ACCIÓN y llevarlos a la REALIDAD.

"Eres lo que haces no lo que digas que vas a hacer"
Carl Jung

Así como un arquitecto hace un plano antes de hacer un edificio y está pendiente de todos los detalles, asimismo tu para tener un año exitoso tienes que hacer un plano donde debes saber exactamente lo que quieres y tener detalles específicos de lo que quieres crear en tu vida. Esto te ayudará a encontrar la motivación, el enfoque, el compromiso y sobre todo el estado mental para creer que es posible. Cuando sabes lo que quieres y haces un plan de cómo lo vas a conseguir te conviertes en una persona imparable, motivada y sin límites. ¿Quieres ser imparable y no tener límites? ¡Manos a la obra!

Tiempo para esclarecer

Aclarar es el primer paso. Tienes que saber exactamente lo que quieres para poder empezar a diseñar lo que deseas construir.
Una de la razones por la que muchas personas viven una vida insatisfecha es porque no toman el tiempo para analizar qué es exactamente lo que quieren en la vida. Muchos tienen una idea más o menos clara de lo que quieren pero no tienen los detalles, ni saben qué resultados específicos anhelan lograr.

Por experiencia, nosotras sabemos que cuando no tenemos claro lo que queremos, vivimos una vida con falta de motivación, enfoque y en consecuencia sin compromiso. Muchas veces perdemos nuestro tiempo persiguiendo las metas de otra persona, que al final de cuenta no son para ti. Ejemplo: Mi amiga se compró un carro nuevo, pues ahora yo quiero un carro nuevo. Mi amiga se casó, entonces mi meta será casarme. Estas situaciones demuestran que estas en competencia con tu amiga, y llegara el momento donde sentirás frustración porque no estás viviendo tu vida. Además, te hará perder el tiempo que debiste invertir en tus propias metas. Es por eso, que debes tener claro que es "Lo que más te importa" porque esas serán las cosas que te van a motivar grandemente y te harán querer tirarte de la cama cada mañana para conquistar el mundo.

Te vamos a dar el consejo que le dio Steve Jobs, uno de los hombres más influyentes en la tecnología y fundador de Apple inc., a los graduandos del 2005 de la Universidad de Stanford:

"Tu tiempo es limitado, así que no lo pierdan viviendo la vida de otra persona. No se dejen atrapar por la filosofía o ideología, que es vivir con los resultados del pensamiento de otras personas. No dejen que el ruido de otras opiniones ahogue tu voz interior y lo más importante, ten el coraje de seguir tu corazón e intuición porque de algún modo ellos ya saben lo que realmente quieren ser. Todo lo demás es secundario. "

Esta es tu oportunidad para plasmar TUS sueños y TUS deseos profundos. ¡Vamos ahora a trabajar juntos para crear una visión clara e irresistible para ti y tu vida! ¡Vamos a explorar y conectar con tu **GRAN SUEÑO, VISIÓN Y PROPÓSITO DE VIDA!**

Las siguientes preguntas encenderán la pasión que hay en ti y comenzaras el camino hacia el **ÉXITO** que tanto deseas Responde las más que puedas, habrán algunas que no tendrás idea en el momento, pero más adelante se te irán revelando las respuestas.

¿QUÉ ES LO QUE QUIERES? Escribe todo lo que tú quieras, sueñas o deseas, no dejes nada en tu cabeza sin escribir. Aprovecha este momento para plasmar en papel. Ahora, te preguntamos lo siguiente: ¿Qué deseas lograr durante tu estadía en el planeta tierra? Recuerda que como dice la canción "Solo se vive una vez".

Qué quieres lograr en tu Carrera?

Negocios

Educación

Familia

Finanzas

Salud

Relaciones

Viajes

Experiencias

Espiritualidad

¿QUIÉN QUIERES SER? ¿Qué debes lograr para sentirte orgullosa de ti misma?

Ahora que tienes una idea clara de las cosas que quieres lograr y adquirir, vamos a profundizar aún más.

Todos los seres humanos tenemos una misión que cumplir en esta vida. Esa misión está estrechamente vinculada a lo que te apasiona. Tu propósito y misión en esta vida siempre te darán felicidad cuando las encuentres y empieces a trabajar en ellas. Una forma de encontrar tu propósito y tu misión es descubriendo cuáles son tus talentos y cuáles son esas cosas que haces que te dan felicidad y que además las haces muy bien. Son actividades que te gustan tanto que te olvidas del tiempo cuando lo estas realizando.

¿CUÁLES COSAS HACES BIEN SIN HACER GRAN ESFUERZO?

¿QUÉ HACES ACTUALMENTE QUE TE BRINDA FELICIDAD?

¿CUÁLES SON TUS PASATIEMPOS? De no tener, lo ideal es buscar uno para botar el estrés.

¿QUÉ HACES QUE TE EMOCIONA Y TE ENTUSIASMA?

De acuerdo al diccionario, un talento es un don especial que tiene una persona. Es una habilidad o capacidad natural que puede ser, desde lo creativo hasta las destrezas deportivas. Todo el mundo tiene talento, pero muchas veces no sabemos identificarlos.

"El don del hombre le abre el camino y lo lleva ante la presencia de los grandes. Proverbios 18:16

La percepción de ti mismo es importante. Así como no te puedes ver la nariz, hay talentos en ti que otros pueden detectar con más facilidad que tú mismo. A veces, somos buenos en algo y no nos damos cuenta. Pregúntales a tus familiares o amigos sobre los talentos que ven en ti. Cuando aprendes a capitalizar tus talentos, harás dinero haciendo lo que te gusta, no sentirás que estás trabajando y sentirás que vives, y cualquier cosa que haga tu vida más placentera es algo bueno para ti. Así es que no te rindas sigue descubriendo e indagando sobre tus talentos, que esto es solo es el inicio del camino al éxito.

¿CUÁLES SON LAS COSAS QUE TE LLAMAN PODEROSAMENTE LA ATENCIÓN?

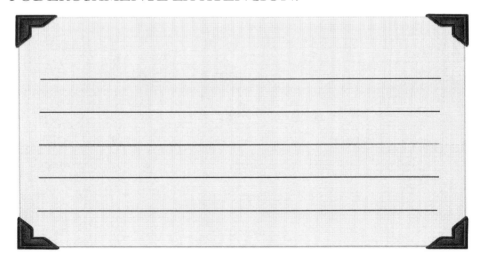

____

____

____

____

____

¿QUÉ TEMA TE APASIONA?

¿RECUERDA MOMENTOS EN QUE TE SENTISTE ORGULLOSO DE TI MISMO?

¿QUÉ ERA LO QUE MÁS DISFRUTABAS EN TU INFANCIA?

¿CUÁL HA SIDO TU MAYOR RETO? (Los momentos difíciles revelan talentos escondidos que ni tú sospechabas)

¿CUÁLES SON LAS ACTIVIDADES QUE REALIZAS AHORA QUE MÁS DISFRUTAS?

¿PUEDES DEFINIR CUÁL ES TU MISIÓN EN ESTA VIDA?

¿PARA QUÉ NACISTE?

¿QUÉ LEGADO QUIERES DEJAR EN EL MUNDO?

Nosotras sabemos que contestar estas preguntas no es fácil, pero tampoco imposible. Lo más probable dejaste las últimas tres vacías porque son las preguntas más profundas y las que más te ponen a pensar. Para tu sorpresa, si no las llenaste, te las vamos a dejar pasar porque sabemos que a través de la lectura llegarás por ti mismo a las respuestas. Las demás preguntas pueden hacer que dures horas y hasta días pensando qué contestar o hasta decidas no llenar los espacios en blanco. Sin embargo, es importante que lo hagas antes de continuar porque esta es la base de todo lo que seguirá en el libro.

Recuerda que quieres que este año sea diferente a todos los demás. Por eso estamos haciendo estos ejercicios. El autodescubrimiento es difícil, pero no imposible. Te aseguramos que al contestar tendrás claridad mental para tomar decisiones que tienes años pensando. De igual manera, te podrás organizar mejor y sabrás seleccionar las amistades y los familiares con los que debes compartir. Tus metas dependen de que te conozcas bien para cuando formules lo objetivos, no estés dando palos a la cieguita. ¡No te rindas tu puedes! Si dejaste algo sin contestar, vamos devuélvete y trata de nuevo, y si lo llenaste todo, te felicitamos porque este es un gran paso que estás dando para tener el mejor año de tu vida.

Mi Experiencia Personal

Si eres de las personas que en tu familia no has encontrado apoyo, no te sientas mal. Como dice el refrán: "Nadie es profeta en su tierra" y bienvenido al club. Recuerdo que mi sueño siempre fue trabajar en la televisión y en los medios de comunicación. Como muchas jóvenes empecé modelando . Fui elegida reina varias veces, pero tenía que hacerlo a escondidas de mi papá. Mi padre entendía que el modelaje y la televisión no eran honorable, y por ende, eran carreras para prostitutas. Él quería que me dedicará a la odontología porque asumió que era una carrera estable en el mercado, mi papa no veía una carrera como una fuente de felicidad si no solo como una fuente de ingreso. Incluso, al verme en esta situación pensé que no tenía el talento para hacer lo que anhelaba. Nunca sentí el apoyo de mi papá, cosa que era muy dolorosa para mí ya que él es la persona más importante en mi vida. Tampoco tenía nadie en mi familia que me motivara, si no por el contrario, cuando le contaba a mis tías de mis sueños siempre me querían bajar mi autoestima llamándome por sobrenombre, porque entendían que era muy presumida. En síntesis, no recuerdo nunca escuchar unas palabras bonitas ni motivacionales salir de su boca.

La familia es nuestro núcleo primario, es nuestro lugar de seguridad y cuando tu familia no te apoya en tus decisiones esto puede sentirse devastador. Recuerdo que cuando me gradué de la escuela secundaria me gané una beca para estudiar periodismo y mi papá me lo prohibió. Al final, terminé estudiando administración de empresas porque eso era lo que a él le gustaba. Hoy en día tengo un Bachelor en Economía y trabajo como productora de televisión… te preguntarás ¿por qué? Pues, porque ¡la pasión siempre gana! Yo lamento que perdí mucho tiempo haciendo lo que otro quería y dudando de lo que realmente quería hacer con mi vida. A veces me molestaba con mi padre porque estudiar algo que no te apasiona es amargo y es tener que negarte a ti mismo. Es vivir una vida que no es tuya. Es triste y deprimente.

Me llega a la mente los momentos en los que lloraba muchas noches porque me sentía vacía, y sin dirección. Sentí mucho temor por mi futuro. En ese tiempo no entendía lo que me pasaba, incluso recuerdo que justo antes de graduarme de la universidad me sentí muy deprimida, sin motivación y desilusionada. Estaba en un momento importante de mi vida, pero lo que me esperaba era trabajar para ganar dinero. Y eso no era lo que yo quería y no entendía porque me sentía así si me iba a graduar de la universidad pero no estaba emocionada, sentía mucha incertidumbre.

"Elige un trabajo que te guste y no tendrás que trabajar ni un día en tu vida". Confucio

Anhelaba una carrera creativa por la que sintiera pasión. El simple hecho de pensar trabajar en un banco o en una corporación me hacía ver un futuro oscuro y sin esperanza. Yo estaba tan confundida porque no sabía lo que iba a hacer con mi vida. Como yo, hay mucha gente que ha estudiado o trabaja en algo que no les gusta y son personas infelices y amargadas. Estas son las personas que postean OH NO... ¡LLEGO EL LUNES! Les puedo decir con toda sinceridad, que a veces estoy loca que amanezca para continuar con un proyecto en el que estoy trabajando, porque es ahí donde siento que soy un pez en el agua, las horas pasan y ni cuenta me doy. Según el reconocido psicólogo, Dr. Martin Seligman esto se llama estar en "tu flow". Cuando yo estoy en "mi flow" soy la mujer más feliz del mundo, no existen problemas, y mucho menos preocupaciones.

Les cuento esto porque, que tu familia o tus amistades no te apoyen no es razón suficiente para que no luches por lo que quieres. Estamos conscientes de que se te hace un poquito más difícil, pero no imposible. Así que no permitas que otras personas te digan lo que tienes que hacer, descúbrelo por ti mismo. Descubre qué es lo que tanto te gusta y busca la manera de hacer de esto tu carrera. Recuerda que solo se vive una vez y aunque a tus padres o familiares no les gusten tus ideas no permitas que nadie interfiera con esa pasión que hay en tu corazón. Nadie puede sentir lo que tu sientes, nadie puede padecer cuando estas triste, por esa razón no permitas que nadie decida tu futuro por ti. Y es que aunque la gente no crea en ti o sientan que tal vez tu no das para eso que has elegido… eres la única persona que sabe realmente el potencial que hay dentro de ti. El fallecido Pastor Myles Munroe una vez dijo: "El lugar más rico del mundo es el cementerio. Allí encontrarás compañías que nunca fueron abiertas, inventos que nunca fueron presentados, libros que nunca fueron escritos y obras maestras que nunca fueron pintadas. En el cementerio esta la más grande riqueza de potencial que nunca fue explotado. La más grande tragedia no es morir, es vivir sin un propósito".

2
VIVE EMOCIONADO CADA DÍA

"PREGÚNTATE SI LO QUE ESTÁS HACIENDO HOY TE ACERCA AL LUGAR EN EL QUE QUIERES ESTAR MAÑANA"

WALT DISNEY

Ya que sabes lo que quieres, ahora es tiempo de ponerlo en papel y crear poderosas y tangibles METAS. Ahora es tiempo de reflexionar, evaluar y visualizar tu lista actual de "cosas que quieres" y determinar si realmente quieres esas cosas y si estás listo para trabajar arduamente para conseguirlas. Las cosas que se queden en tu lista deben de darle sentido a tu vida y emocionarte; deben ser cosas por las que estás dispuesto a pelear y hacer lo que sea para lograrlas.
¿Quieres metas que te inspiren y te hagan brincar de la cama cada día? Pues, lo primero que debes definir es lo que quieres, seguido de eso tendrás claridad y un firme propósito que te dará el poder para llegar a la meta. ¿Sabes por qué? Porque tendrás el ánimo que con el transcurrir del tiempo te motivara a lograr lo que deseas. Otra cosa es, "Cómo" encuentras el "Porque", pues aquí te damos una breve explicación;

Según la pirámide de productividad de Franklin Covey antes de crear una meta debes encontrar cuales son los valores que gobiernan tu vida. Nuestros valores representan lo que más nos importa y por lo que estamos dispuesto a luchar. Cuando descubres tus valores puedes discernir fácilmente si una meta te va a motivar o es simplemente algo que crees que quieres. Nuestros valores son la línea directa a nuestra pasión y nos ayudan a entender en qué debemos enfocar nuestra energía.

Una serie de preguntas que debes hacerte, son las siguientes: ¿Cómo quiero que me recuerden después de tu partida? ¿Cómo quiero que me describan tus amigos y familiares? ¿Qué quiero que digan de mi? ¿Qué tipo de persona quiero ser?

Para crear nuestra base que son nuestros valores mas profundos y fundamentales vamos a hacer un ejercicio poderoso que fue diseñado por Stephen Covey para su libro Los 7 Hábitos de la gente altamente efectivas. Este ejercicio te va a ayudar en como piensas, vives y trabajas en los anos venideros se llama "Comenzando con el final en mente".

Piensa que vas a asistir al funeral de un ser querido. Imagínate cambiándote para el funeral y en el carro de camino al funeral. Llegaste te parqueaste y entraste al funeral. Mira las flores, la música suave y mira las personas que estan ahí puedes ver las caras de tus amistades y familiares. Siente el dolor compartida por la pérdida.

Cuando llegas al ataúd y mira adentro, de pronto queda cara a cara contigo mismo. Es tu funeral, todas esas personas han venido a rendirte un último homenaje, a expresar su amor y aprecio por ti. Cuando tomas asiento y espera a que comience el servicio, mira el programa que tiene en la mano. Habrán cuatro personas que hablaran. El primero pertenece a tu familia (puede ser de tu familia inmediata o la extensa: hijos, hermanos y hermanas, sobrinos y sobrinas, tíos y tías, primos y abuelos). El segundo orador es uno de tus amigos, alguien que puede hablar de lo que tu era como persona. El tercer, es un colega o compañero de trabajo. Y el cuarto proviene de tu iglesia o de alguna organización comunitaria en la que tu has servido. Ahora, piense profundamente. ¿Qué es lo que le gustaría que a uno de ellos diga sobre ti y tu vida? ¿Qué tipo de persona te gustaría que reflejaran sus palabras?¿Qué clase de amigo fuiste? ¿Qué clase de compañero de trabajo? ¿Qué carácter te gustaría que ellos hubieran visto en ti? ¿Qué aportaciones, qué logros quiere que todos recuerden? Mira la gente que te rodea. ¿Cómo te gustaría haber influenciado sus vidas?

Quienes son las 4 personas que hablaran y que dirán?

Para encontrar tus valores gobernantes pregúntate las siguientes preguntas:
¿Cuáles son las más altas prioridades de mi vida?
¿De estas prioridades, cuales son las que más valoro?

Vamos a ayudarte a encontrar tus valores. Debajo te tenemos una lista de los valores más populares. Puedes añadir cualquiera que no encuentres aquí. Circula los que sientas que son importantes para ti y ponle un valor del 1 al 5 al lado.

Buena Pareja	Seguridad Financiera	Salud	Religión y Espiritualidad	Mis Hijos
Ser Educado	Ser Independien	Ser Lider	Sentido de logros	Mi Carrera
Tener Calidad de Vida	Tener Paz Interior	Ser Divertido	Integridad y Honestidad	Tener Ambición
Ser Feliz	Ser Inteligente	Tener Auto-Control	Ayudar a otros	Buen Amigo
Ser Ambicioso	Ser Comprensivo	Ser Perseverante	Tener Auto Respeto	Ser Exitoso
Ser Creativo	Ser Generoso	Belleza	Tener Coraje	Ser Justo

Ahora que has elegido tus valores elije los de más alta puntuación y ponlos en orden de importancia del 1 al 5.

Estos son tus valores gobernantes. Tus valores son la llave para poder manejar tu tiempo, crear metas, conseguir tus objetivos, lograr resultados y paz interior. Ahora que conoces tus valores, se honesto contigo mismo. Cuando escribas una meta, pregúntate "¿Es esta meta para mí o para satisfacer a otro"?

TÚ ¿POR QUE?

Ahora que tienes lo que está en tu mente en papel es hora de crear poderosas METAS. Vamos a revisar las cosas que escribiste en el primer capítulo sobre lo que quieres y deseas para ver por cuales de esas cosas tú estás dispuesto a luchar. El "Por qué" de tus metas le dará claridad, poder y propósito a cada meta. Pregúntate con cada meta que te dispones:

"¿Por qué quiero lograr esta meta?"
¿"Por qué es esta meta importante para mí?"
¿"Como me voy a sentir si logro esta meta?"
¿"Como me va a cambiar mi vida si logro esta meta?"
Tienes que empezar a luchar por las cosas que realmente quieres,

y que te van a ayudar a lograr tu propósito y tu misión en la vida, porque estas son las que te darán satisfacción diaria. Si hay alguna meta que no puedas contestar las preguntas sobre "Tu Porque " entonces tal vez la debes quitar de tu lista porque es posible que no es lo suficiente poderosa y no vas a sentir la motivación para hacer las cosas necesarias para que se conviertan en realidad.

El Tiempo
Cuando tengas absoluta claridad con las metas que te propones, necesitas trabajar en el tiempo y ponerte una fecha límite creíble para lograrla. Tener una fecha específica es lo que crea urgencia en ti y te motiva a hacerlo realidad.

Una meta es algo que tú te imaginas, planificas y te comprometes a llevar a cabo. La acción de establecer metas personales involucra generalmente determinar objetivos (que es lo que quieres) y los expertos recomiendan que sean
específicos, logrables, que se puedan medir, que sean relevantes, y limitados por tiempo.

De esta manera te permites hacer un plan especial con estrategias y tareas asignadas y así puedes exigirte a ti mismo porque tienes un límite de tiempo.

Una meta incorrecta: Quiero dinero este año.

Una meta formulada correctamente: Quiero ganar 100,000 dólares para septiembre del año tal dando el mejor servicio en mi negocio.

Esta te dice que tú quieres, para cuando lo quieres y como lo piensas conseguir. Así se escribe una meta. Ahora vamos a hacer un ensayo de la primera parte donde vamos a incluir que queremos, porque lo queremos y para cuando lo queremos. Luego trabajaremos en el cómo.

Vamos a crear metas a corto plazo. Cosas que tu sepas que las puedes lograr en los próximos 90 días

METAS A CORTO PLAZO

Meta	Porque?	Fecha
1.		
2.		
3.		
4.		
5.		

Las metas a largo plazo pueden ser cosas que quieres lograr de aquí a 1 ano o hasta 5 años. Hay gente que hace metas hasta para 10 anos, pero vamos a empezar con metas de aquí a 5 años. Sabes tu donde quieres estar?

METAS A LARGO PLAZO

	Meta	Porque?	Fecha
1.			
2.			
3.			
4.			
5.			

¿Creaste metas personales, físicas, emocionales y mentales, espirituales, financieras, de salud, familiares y de carrera? Recuerda que la vida es balance. Entre más balanceadas están tus metas más feliz y satisfecho te vas a sentir contigo mismo. Es importante que pongas metas a corto plazo así como a largo plazo, ya que a medida que vas cumpliendo algunas metas, estas te darán seguridad personal. También, te elevara tu autoestima, lo que a cambio te dará mucho más ánimo y motivación para ir detrás de las metas grandes.

Mi Experiencia Personal

La importancia de crear metas balanceadas es vital. Este tema del balance, me toca mucho personalmente y es que lo tuve que aprender a la mala. La importancia de crear metas balanceadas es tan vital. Yo recuerdo cuando se me empezaron a abrir puertas para la televisión. Quería tomar todas las oportunidades y aprovechar todo lo que se me presentaba. Desde niña soñaba con trabajar en los medios, me lo propuse sin lugar a dudas "Es lo que quiero y es lo que voy hacer". Desde ese momento inicio mi viaje, y gracias al esfuerzo, dedicación, disciplina, y tener metas claras, lo logre. Pero no fue fácil, cuando mis amigas estaban festejando y disfrutando, yo estaba trabajando debía mantenerme enfocada. Llegó un momento que estaba trabajando en un programa de radio por las mañana y en uno de televisión por la tarde y cuando salía de mis ocupaciones duraba dos horas cada día camino a Hartford, Connecticut desde Nueva Jersey a hacer un noticiario. No tenia tiempo para ver mi familia y mucho menos tener relación sentimental. Entonces, aunque por un lado estaba logrando mis metas al mismo tiempo me sentía sola y muy cansada. Un día recuerdo, estaba tan cansada que manejando para Connecticut me quede dormida y tuve un accidente aparatoso donde me pase 23 días en coma en un hospital y en fracciones de segundos perdí todo lo que había cosechado. Sufrí daños en la cabeza, en la clavícula y hasta el día de hoy tengo tornillos en el pie izquierdo. Me pasé 6 meses en rehabilitación aprendiendo a movilizar las piernas y las manos. Perdí mis trabajos por los que tanto había luchado y hubieron momentos donde me encontré sola y sin dinero. Recuerdo una vez que empeñe algunas de mis joyas que había comprado con mucho sacrificios. No tenia metas financieras y esto fue un grave error. Es tan así que cuando llegaban a cobrar la renta me escondía porque a veces no tenía el dinero para pagar. Fueron momentos muy difíciles.

Dentro de mis sueños estaba tener una familia, ya que me crie de casa en casa entre mis familiares porque mis padres habían viajado a Estados Unidos, pero nunca me senté a crear un plan de vida solo me enfoque en mi carrera pensando que lo otro iba a caer solo. No pensaba en más nada que no fuera la bendita carrera. Yo no socializaba porque siempre estaba trabajando. Cuando estuve enferma me di cuenta que nunca desarrolle amistades reales que no fueran de trabajo y no había invertido tiempo en una relación de pareja. Por eso es tan importante tener una vida balanceada donde tú planifiques el tiempo que le vas a dedicar a cada área de tu vida. Un día, recuerdo que fue un miércoles, me llamaron para una audición. Fui a la audición y tres horas más tarde me llamaron para decirme que el trabajo era mío y así empezó mi jornada con el "Gordo y la Flaca". Trabajar en el "Gordo y la Flaca" ha sido de mucha bendición para mí y aunque mi trabajo es muy exigente he aprendido a balancear mi tiempo para así poder atender las otras áreas de mi vida que también son importantes.

3
EL PODER PARA DISEÑAR TU VIDA

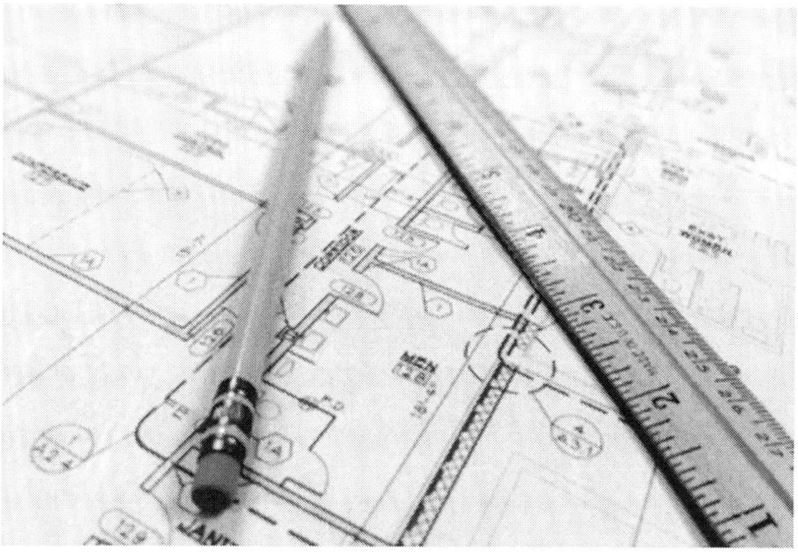

"SI NO DISEÑAS TU PROPIA VIDA, LO MÁS SEGURO CAERÁS EN EL PLAN DE OTRA PERSONA. ¿ADIVINA QUÉ TIENEN PLANIFICADO PARA TI? ¡NADA! " JIM ROHN

Ya creamos metas con propósitos, definidas, balanceadas y poderosas. Ahora vamos a planificar cómo las vamos a lograr. Esta parte va a requerir la planificación y preparación correcta, si de verdad quieres crear una vida extraordinaria.

Nuestras metas no tienen poder, si no creamos un plan sólido y tenemos conocimientos claros de cómo las vamos a lograr. Ahora la llave del éxito es la planificación y preparación.

¿Cómo vas a lograr tus metas? Cualquiera puede escribir sus metas y estar más o menos claro con las cosas que quiere, pero solo la persona que se toma su tiempo y se sienta a poner paso por paso como lo va a lograr, es la que va a tener el éxito asegurado. Puede que algunas personas por casualidad logren sus metas sin planificación, pero para estar SEGURO que podrás lograr lo que te propones vamos a trabajar con las siguientes preguntas para cada una de tus metas.

¿Cuáles son los pasos que debo tomar?
¿Qué se requiere para lograr esta meta?
¿Qué educación o experiencia necesito tener?
¿Necesito dinero?
¿Cuánto?
¿Cómo puedo conseguirlo?
¿Qué tiempo debo dedicarle para lograrlo en el tiempo que quiero?
¿Necesito viajar?
¿Qué habilidades necesito tener para lograr esta meta?
¿Qué me falta conocer, saber o investigar?
¿Qué tipo de persona debes de ser y conocer para lograr esta meta?
¿Cómo debo prepararme?

Muchas de las respuestas es posible que no las sepas, pero es el

momento para que: investigues, busques online, tomes tutorías, cursos por internet, leas artículos, libros, pienses en amistades que conoces que te puedan ayudar, o hables con gente que han logrado las cosas que quieres. Es el momento de ser creativo y hacer un plan para lograr lo que quieres en el tiempo que deseas.
Mientras más preparación, investigación y planificación hagas ahora, para entender tus metas y cómo la puedes lograr mejor, verás los resultados este año y los años venideros.
Al final de unos días, deberías tener estas páginas llenas de ideas sobre cómo puedes lograr tus metas. Tendrás tantas ideas que necesitaras elegir las tres mejores y decidir cuáles acciones inmediatas vas a tomar para lograr tus propósitos de este año.

Los grandes edificios que ves todos los días, fueron diseñados con detalles específicos, mucho antes de que una persona tomara una herramienta en las manos. Así mismo, tenemos nosotros que invertir tiempo en la fase de diseño de nuestras vidas. Si no diseñas y planificas tu vida tendrás que satisfacerte con las cosas que la vida decida darte, y nosotras sabemos en nuestro corazón y tú lo sabes también que eso no es lo que tú quieres. Dentro de ti hay sueños, sueños que se pueden cumplir si decides tomar el tiempo ahora. Así como lo hace un arquitecto, debes de decidir exactamente que irá en el plano de tu vida. Te exhortamos que esta semana dediques tiempo a ti mismo para asegurarte que en esta vida, "la única que tienes", puedas adquirir y vivir todo lo que soñaste. ¡A trabajar! ¡Tú puedes!

Ahora vas a leer tus metas cada mañana y cada noche para que las internalices, y además, estés claro con el tiempo que diste para lograrlas.

Escríbelas de manera poderosa, decretando lo que va a pasar. Tus metas deben ser "POSITIVAS".

Por ejemplo:
Yo peso 150 libras haciendo ejercicios y comiendo saludable para el 27 de febrero del 2018. (Si quieres ser más específico pon el nombre del gimnasio y quien va a cocinar la comida).

Soy dueña de mi propio negocio de comidas saludables para el primero de marzo del 2018.

Yo he impactado la vida de cientos de personas con un taller de comunicación para febrero del 2018.

Aquí debajo vas a plasmar las cinco metas más importantes para ti. Al lado, vas a poner como vas a lograr las metas y cuáles acciones tomarás inmediatamente para cumplirlas. Ponle fecha, por lo menos, a la primera acción que vas a tomar. Estas acciones debes hacerlas esta semana aunque te falten pedazos del rompecabezas, porque a medida que te decidas hacerlas, las puertas se irán abriendo. Muchas veces, vamos subiendo una escalera y no vemos la parte de arriba; sin embargo, mientras vas subiendo con fe encontrarás un escalón que te irá revelando los escalones que no veías. Asimismo pasa cuando tienes una meta, debes de tener fe de que todo te va a salir bien aunque las circunstancias digan lo contrario y te llegan pensamientos negativos de que no puedes lograrlo. ¡Vamos arriba...a escribir esas metas!

"Da tu primer paso con fe, no es necesario que veas toda la escalera completa, solo da el primer paso."
Martin Luther King

Meta #1

Cómo:

3 acciones:

Cuando:

Meta #2

Cómo:

3 acciones:

Cuando:

Meta #3

Cómo:

3 acciones:

Cuando:

Meta #4

Cómo:

3 acciones:

Cuando:

Meta #5

Cómo:

3 acciones:

Cuando:

Los pensamientos negativos siempre van a aparecer, pero tú tienes el poder de detenerlos. Vas a pensar: "Quién soy yo para querer lograr eso", "no soy lo suficientemente fuerte para llegar a la meta", "estoy muy vieja", "no tengo la preparación". Muchísimas excusas rondarán tus pensamientos. Más sin embargo, nosotras lo sabemos porque a diario combatimos esas malas ideas. Tienes que ser fuerte, hacer hincapié en ignorar esos pensamientos. Siempre estos pensamientos estarán rondándonos porque muchas veces nos los han inculcado desde niño. Esto les pasa a las personas más exitosas del mundo, pero ellos han aprendido a ignorar estos pensamientos. Es como una atleta que va a un juego, el 20% del juego son las herramientas y estrategias pero el 80% está en su cabeza. Si el atleta piensa que va a perder, sale debilitado al campo, pero si sale con el pensamiento de que va a ganar aunque no gane, jugará su mejor partido. No pierdas el juego en tu cabeza antes de empezarlo.

Mi Experiencia Personal

Cuando uno se crea metas es bueno empezar con el fin en la mente. Esto lo digo porque cuando yo empecé a trabajar en los medios de comunicación nunca pensé en las consecuencias que me podría traer algunas de las cosas que hice y dije para darme a conocer. Yo lo veía como "Esto es show business, pues vamos a darle show a la gente" sin analizar mis valores ni mi misión en la vida. Pues hoy les cuento que pago muy caro el haberme vendido como objeto sexual porque trabajo en vivo en el Vacilón de la Mañana el show mas escuchado en NY y Uds. No se pueden imaginar la cantidad de llamadas que recibo diario refiriéndose a mi persona como "Chapiadora, prostituta y muchos mas nombre feos.

Mi meta de hacerme famosa rápido me llevo a tomarme muchas fotos sensuales y con poca ropa. La gente te encasilla y es difícil cambiar la imagen que tienen de ti y por eso muchas veces tengo que tragar en seco e incluso reír de lo que dice la gente aunque tengo que admitir que muchas veces duele. Me identifico mucho con Melania Trump porque ella cuando empezó su carrera también hizo muchas fotos que luego le hicieron daño. Si Melania hubiera comenzado con el fin en mente jamás se hubiera hecho ese tipo de fotos y aunque ella nunca se iba a imaginar que hoy seria la primera dama de los Estados Unidos, ella si tenia que saber que algún día dentro de sus metas y sus valores estaba tener una familia y que estas imágenes le podían hacer daño.

En mi caso ahora soy instructora de comunicación y a la gente le cuesta mucho trabajo verme como tal, ya que nunca me vendí como una persona intelectual, ni preparada. Yo me enfoque en lo sexual y en mi cuerpo porque sabia que esos temas dan rating. El que me conoce de cerca sabe que soy una mujer que le encanta la lectura y ayudar a otros es una de mis pasiones. pues pienso que cuando uno da recibe mil veces mas.

Lamentablemente, por la forma en que inicie mi carrera se me ha hecho difícil que la gente me pueda ver como realmente soy y estoy segura que hasta se me han cerrado puertas.

Esta es una de las razones por la cual es importante que tu antes de crear tus metas a largo plazo conozca cuales son tus valores y cual es tu misión en la vida. Yo entiendo que mi misión de vida es utilizar mi popularidad para ayudar la gente a crecer y alcanzar su potencial. Si yo hubiera pensado en eso cuando empecé mi carrera jamás hubiera dicho algunas de las cosas que dije porque me e dado cuenta que lo que mas disfruto es ayudar y realmente la imagen que vendí le quita mucha credibilidad a lo que es mi misión de vida.

Les cuento esto, porque no hay nada mejor que trabajar en todas las áreas de tu vida estratégicamente. Cuando te auto-análisis y conoces tus valores, los rasgos de tu personalidad y tus debilidades y fortalezas puedes crear metas que se complementan.

Ahora que conozco mi misión en esta vida, la razón por la cual nací, es mucho mas fácil trazarme metas en las diferente áreas de mi vida y lograr que un objetivo se enlace con el otra. Ya mis metas no son superficiales porque van todas dirigidas hacia una dirección y vivo feliz porque a diario trabajo en las cosas que me apasionan mientras simultáneamente creo un futuro para dejar un legado.

4
PREPÁRATE PARA LA TRANSFORMACIÓN

"LO QUE RECIBES CUANDO LOGRAS TUS METAS NO ES TAN IMPORTANTE COMPARADO CON EN LO QUE TE CONVIERTES CUANDO LOGRA TUS METAS!" ZIG ZIGLAR

Cuando empiezas a tomar acción para acercarte a tus sueños hay una transformación dentro de ti que es difícil de ignorar. Te vas a sentir más feliz y satisfecho porque ya no estas sentado esperando que las cosas te lleguen. Haz tomado las riendas de tu vida. Ya no dirás: ¡"Creo que este año será bueno"!, más bien ahora expresaras: "Este año va a ser el mejor año de mi vida". Nosotras conocemos gente que cada 31 de diciembre, a las 12 de la madrugada, da una vuelta a la casa con maletas en manos supuestamente para viajar mucho el año que está por llegar. Hay otros, en cambio, que lanzan el arbolito por la ventana con la idea de qué les traerá suerte el año que se acerca. De igual manera, hay personas que se comen 12 uvas, una por mes a la misma medianoche para la suerte. Sin embargo, lo que estas personas no notan es que le están dando el poder de su vida a una creencia e indirectamente mandándoles un mensaje a sus cerebros de que no tienen control de su año. Con esta acción la gente no está tomando el control de su vida, y es lógico que si no tienes el poder de ti mismo y lo que puede pasar, no puedes decidir lo que va a pasar con tu futuro. Por ende, este tipo de ritos y pensamientos en vez de ayudarte te paralizan. Mientras que, si entiendes que eres el que decide lo que va a pasar en tu vida, y te pones en acción, cada día verás más de cerca la posibilidad de obtener lo que quieres y esto te llenará de felicidad.

Otras cosas que nos alejan de lograr lo que queremos es el desenfoque. Si decidimos que queremos algo y luego no hacemos nada para conseguirlo, esto nos desenfoca. El truco está en estar claro, decidir lo que quieres y luego agendar en tu libreta diaria esa meta; es tiempo de por lo menos hacer, aunque sea, una llamada para cumplir lo que quieres lograr.

Es importante, ir haciendo cosas positivas, pequeñitas, que te acerquen a la meta. Para que te sientas que estás progresando ya que una de las cosas que le da felicidad y motivación al ser humano es sentirse que esta progresando consecuentemente sentirse estancado da tristeza.

Debilidades y Fortalezas
Ahora, vamos a analizar tus debilidades y fortalezas. Esta la vamos a evaluar para ver qué hábitos y comportamientos podemos ir cambiando y mejorando.
Debes tener presente reflexionar y contestar de manera muy honesta las siguientes preguntas:

¿En qué área de mi vida necesito ser más disciplinado?

¿Suelo ser positivo o negativo ante cosas nuevas?

¿Hablo más de lo que escucho?

¿Necesito ser más comprometido con mis palabras?

¿Debo aprender a venderme más y dejar de ser tan reservado?

¿Tengo la autoestima baja?

¿Soy agradecido o me quejo mucho?

¿Qué áreas debo trabajar para progresar y alcanzar mis metas?

¿En qué tipo de situaciones te sientes incómodo?

¿Hay algún curso o libro que te pueda ayudar?

Tu Personalidad

Los rasgos de tu personalidad son importantes en el momento de ser exitoso. La buena noticia es que si descubres cuáles rasgos necesitas mejorar y cuáles de los rasgos que posees no te ayudarán, puedes cambiarlos. Vamos a compartir los diez rasgos de personalidad que comparte la mayoría de la gente exitosa:

1. Saben prever

La gente exitosa sabe adelantarse y hacer planes para mantenerse delante de las tendencias y los problemas. Están atentos a los pequeños errores para superarlos hasta eliminarlos por completo. Estas personas normalmente son los mejores pagados en una empresa. El lado negativo es que estos a veces se la pasan planificando y haciendo listas para el futuro y dejan de vivir el presente.

2. Son perfeccionistas

La gente exitosa hasta que las cosas no están como la pensaron no ha terminado. Ponen mucha atención a los detalles, y trabajan con excelencia y dedicación. Nunca hacen las cosas simplemente por hacerlas, siempre tienen un objetivo claro. Ponen todo su esfuerzo en las tareas que tienen delante. Este rasgo también tiene su lado negativo. Hay personas que no se lanzan porque siempre están buscando la perfección y se pasan de exigente con ellos mismos.

3. Son apasionados

Con solo pasión no te abrirás camino, pero si es necesaria para que puedas dar el 150% en cualquier tarea que se te presente. Las personas exitosas han encontrado su pasión. Con esto se ganan la vida o han encontrado algo que les inspira de su trabajo. La pasión es un rasgo básico en la mayoría de triunfadores e indispensable

para crear proyectos y negocios.
La gente apasionada no pierde tiempo quejándose y lamentándose. Ellos muy pocas veces se quejan y enfrentan los problemas con una sonrisa, porque están seguros que todo tiene solución.

4. Son constantes
Ser y lucir constante es un rasgo que comparten los exitosos. No son gente de tomar muchos días libres y cuando lo toman, lo hacen con mucho cuidado porque saben la importancia de mostrar una imagen de seguridad. No se desmotivan fácilmente.

5. Son fiables
Los más exitosos en el mundo crean una reputación con sus clientes, proveedores y colaboradores de que nunca fallan y se hacen indispensables en sus lugares de trabajo. Tienen reputación de que honran su palabra.

6. Son motivados
Se mantienen motivados porque confían en sí mismos y tienen pasión por lo que hacen. Se aseguran de visualizar cuáles son los resultados que buscan, teniendo claro un plan en manos. Se mantienen animados y pasan ese sentimiento a los que los rodean.

7. Equilibrio
Son personas equilibradas, rara vez explotan. Son centrados y tienen una visión justa de las cosas. Son comprensivos con los errores de los demás y en vez de señalar y reclamar, buscan soluciones. Son personas con un alto nivel de inteligencia emocional.

8. Buena comunicación
Sin lugar a dudas saben comunicarse en reuniones con: clientes, relacionados y colegas. Saben qué, cómo y cuándo decir las cosas

en el momento preciso. Son prudentes al hablar pensando en los resultados, consecuencias y la importancia de lo que dicen. Transmiten claramente la información y de esta forma ahorran mucho tiempo.

9. Autocontrol

Dominan sus emociones, cosa que no todo el mundo lo puede hacer. No actúan por impulso más bien piensan los resultados de todas sus acciones y consideran todas las opciones. No buscan satisfacción inmediata y al tomar decisiones siempre piensan en las consecuencias de sus actos y su palabras.

10. Son tercos y cabeza dura

Para nuestra sorpresa las personas exitosas son cabeza dura. Cuando tienen un proyecto se aferran a él sin mirar para los lados. Siguen sus instintos pensando en el resultado a largo plazo. Sienten ansias de hacer las cosas tal y como se lo imaginaron. Esto es uno de los rasgos que casi siempre los hace ganadores, porque no sueltan un proyecto hasta que no lo terminan.

¿Cuáles de estos rasgos tienes tú o te gustaría tener? Debajo hay un listado de rasgos de personalidad para que elijas los que tienes actualmente y en los que debes trabajar para adquirir. En la parte inferior, encontrarás los rasgos de la personalidad más comunes.

RASGOS NEGATIVOS DE LA PERSONALIDAD

Agresiva/o	Terca/o.	Pesimista.
Obsesiva/o.	Prepotente.	Irrespetuosa/o.
Mezquina/o.	Malhumorada/o	Dominante.
Egoísta	Aburrida/o.	Envidiosa/o.
Rencorosa/o.	Vanidosa/o	Frívola/o

Tacaña/o.	Cobarde.	Impaciente
Estricta/o.	Deshonesta/o.	Hipócrita.

OTROS:

RASGOS POSITIVOS DE LA PERSONALIDAD

Práctica/o	Discreta/o	Reflexiva/o
Pragmática/o	Dispuesta/o	Resolutiva/o
Precavida/o	Ecuánime	Respetuosa/o
Humilde	Eficaz	Colaborador/a
Independiente	Intelectual	Combativa/o
Puntual	Justa/o	Compresiva/o
Atenta/o	Laboriosa/o	Enérgica/o
Auténtica/o	Leal	Conciliador/a
Brillante	Líder	Concreta/o
Capaz.	Lógica/o	Confiada/o
Cauta/o	Madura/o	Consciente
Clara/o	Rápida/o	Constante
Coherente	Razonable	Constructiva/o
Diplomática/o	Receptiva/o	Eficiente
Amable.	Cumplidor/a	Franca/o
Ambiciosa/o	Decidida/o	Hábil
Amistosa/o	Desenvuelta/o	Honesta/o
Asertiva/o	Dialogante	Progresiva/o
Creativa/o	Dinámica/o	Ingeniosa/o
Crítica/o	Firme	Persuasiva/o
Cuidadosa/o	Flexible	Ponderada/o
Culta/o	Formal	Positiva/o

OTROS:

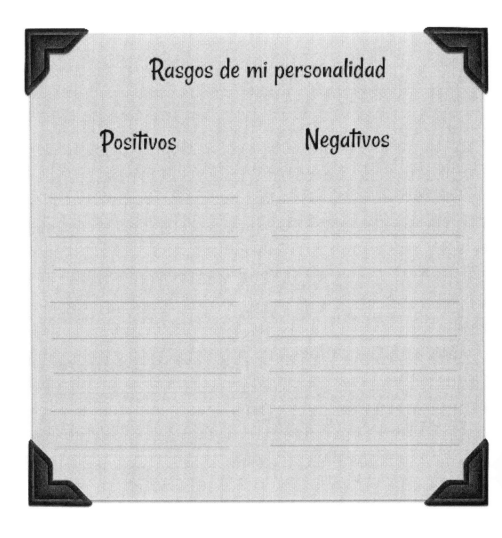

Rasgos de mi personalidad

Positivos	Negativos

Rasgos positivos que quiero desarollar

¿QUÉ TIPO DE PERSONA QUIERES SER?

Elige una persona a la que admires. Puede ser una figura pública, familiar o alguien de la historia. Después de hacer la selección de ese personaje analízalo, porque vamos a hacer un perfil de esa persona a la que admiras o te quieres parecer.

¿Qué parte de mi carácter debo cambiar o desarrollar para ser como la persona que admiro?

¿Qué habilidades necesito aprender o desarrollar para ser exitoso o parecido a esa persona que admiro?

¿Qué tipo de régimen alimenticio o de ejercicios debo tener en mi vida para tener más energía y lograr las cosas que quiero?

A medidas que tengas metas grandes tienes que ir desarrollándote como persona porque la única forma para llegar a tu potencial es reconociendo tus debilidades, al mismo tiempo ir trabajándolas. No es que te ofusques pensando en las debilidades, porque eso no te va a ayudar a que busques soluciones para trabajar en ellas. Concéntrate y explota tus fortalezas, pero teniendo pendientes las debilidades para ir corrigiéndolas e evitar situaciones incomodas.

Debilidades	Fortalezas
Soy desorganizado	Tengo mucha energía

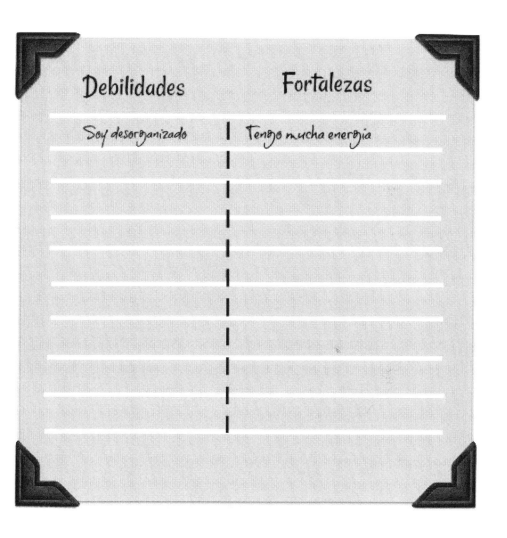

Muchas personas definen el éxito por las cosas materiales que tienen acumuladas, pero el éxito de una persona se define por la persona en la cual se ha convertido. El individuo en que te conviertes tiene mucho que ver con tu éxito, felicidad y sentido de satisfacción en la vida.

¿Te estas convirtiendo en una persona más pacífica, amorosa y comprensible? ¿Eres una persona, que sabe qué hay abundancia y cuentas tus bendiciones en vez de quejarte? A medida que vas mejorando tu carácter y rasgos de personalidad, en esa misma proporción te llegarán las oportunidades. Por eso es importante que te mires con una lupa objetiva.

5
¡Organízate!

¡"NO SOY PRODUCTO DE MIS CIRCUNSTANCIAS SOY PRODUCTO DE MIS DECSIONES!"
STEPHEN COVEY

La desorganización y el caos son las cosas que te distraen de lo que debes estar haciendo. Es lo que mantiene a la gente ocupada pero no productiva. Limpia tu vida, organiza tus desordenes para que tu mente se pueda enfocar en las cosas que realmente te importan. Ocúpate de resolver aquellas cosas que crean distracción y frustración en tu vida diaria.
No solo hablamos de tus espacios físicos. Hablamos de tus relaciones, deudas y emociones. Una de las emociones que más atrasa a la gente es "la falta de perdón".

"Si no perdonas por amor, perdona al menos por egoísmo, por tu propio bienestar." Dalai Lama

Organiza Emociones

Si te dijéramos que si perdonas las personas que te han hecho daño en tu vida, tus finanzas y creatividad cambiarían. ¿Lo harías? ¿Perdonarías a esa persona o personas que te han hecho daño? No estamos hablando de llamar a nadie para decirle que lo perdonas, nos referimos a tomar la decisión de que nada del pasado va a afectar tu futuro. Además, ¿en qué te ayuda tener resentimientos hacia otras personas? Pregúntate: ¿En qué te ha beneficiado sentir rencor o repudio por otra persona? Creemos que en nada.

A veces hay gente en nuestras vidas que nos han hecho tanto daño, nos han humillado y estamos conscientes que es difícil perdonarlos porque sentimos que no merecen nuestro perdón. Sin embargo, entendemos perfectamente ese sentimiento y sobre todo ese eco en nuestro subconsciente que nos grita: "No lo voy a perdonar para que no se me olvide lo que me hizo". Al principio, no entendemos que el más afectado por llevar en nuestro interior ese resentimiento somos nosotros y en ocasiones nos cegamos sin mirar más allá. No debemos perdonar por la otra persona. En conclusión, debemos perdonar por nosotros mismos.

Se ha comprobado que las personas que tienen falta de perdón y deseos de venganza son más propensos a padecer enfermedades mortales como el cáncer. En una presentación hecha por la enfermera de oncología James Middleton, está dijo: "Los pacientes de cáncer muchas veces tienen muchos resentimientos y nuestro cuerpo experimenta estrés, no solo por la experiencia que causó dicho sentimiento sino porque cada vez que pensamos en ella lo revivimos. Este estrés y tensión por largo tiempo pueden producir inhibición en la defensa natural de nuestro cuerpo". Entonces para qué recordar algo que ya nos pasó y puede seguir haciéndote daño. Para olvidar tenemos que perdonar, ese es el inicio.

El perdón es una decisión que se toma su tiempo. Para perdonar debemos vencer la soberbia, el orgullo, y porque no, nuestro miedo a perdonar. Hay que dejar de pensar en nosotros y en el daño que hemos sufrido por parte de aquellas personas que nos ofendieron o nos faltaron. Debemos perdonar a LAS PERSONAS, no sus acciones. No es que vas a perdonar y ahora vas a ser su mejor amigo. Son cosas muy diferentes.
¿Cómo sabes que ya lograste perdonar? Cuando puedes hablar del hecho sin sentir dolor, enojo o deseos de venganza.

Se debe estar consciente de que el acto de perdonar no significa cegarse a la realidad. Hay personas que realmente no la podemos tener cerca y para eso hay límites.
Perdonar nos da todas las de ganar, porque tiene un beneficio mucho más grande para ti que para la otra persona. El perdón nos ayuda mental, física y espiritualmente. Debes verlo como cuando uno limpia la casa que se siente otro aire; así cuando perdonas, limpias tu mente y tus emociones de cosas negativas y le da espacio

para que las cosas positivas entren a tu vida.

Cuando tienes falta de perdón, además, no fluyes con creatividad, te afecta hasta la piel, tu energía es más baja, y por ende tus pensamientos tienden a ser de derrota o venganza. Existen personas que hasta se ponen obesos por la falta de perdón, debido a que les causa ansiedad. Un ejemplo de esto son las personas que han sido abusadas sexualmente, estos tienden a engordar enviando un mensaje inconscientemente de que no quieren que lo toquen.

Te invitamos a pensar que si tienes a alguien que debes perdonar, reconsideres esa opción para que puedas sanar esas heridas. Recuerda que el odio y el rencor es como si te tomaras un veneno con la idea de que le haga efecto a otra persona y al final eres tú la que se hace daño.

Ahora responde este siguiente ejercicio:
¿Quiénes me han hecho daño y debo perdonar?

¿Tengo que perdonarme yo mismo por algo que hice o dejé de hacer?

¿Tengo odio, rencor o soy negativo? ¿Desde cuándo?

Ya sabes las personas que tienes que perdonar, te recomendamos hacer este ejercicio diario, varias veces al día, hasta que no sientas ningún tipo de emoción.

YO ____________, perdono a _______________ y dejo de cargar el peso de la falta de perdón porque quiero ser bendecido, próspero y vivir en victoria. Entregó a _______________ y que la justicia divina se encargue de él/ella.

Organiza tus finanzas

Vamos a seguir limpiando y organizándonos para permitir que las cosas nuevas y buenas lleguen a nuestras vidas y encuentren espacio.

La finanzas son una área sumamente importante en la vida cotidiana de los seres humanos; sin equivocaciones esta debe ser una de las primeras cosas que organicemos en nuestras vidas.

Si tienes muchas tarjetas de crédito debes consolidarlas. Lo que significa, que debes poner todas tus deudas en una sola tarjeta. Haz que tu facturas mensuales sean fáciles de manejar. Lo mejor es poner tus facturas en automático ya que solo tendrías que preocuparte por un solo monto al mes. Ejemplo: si pagas la luz, el teléfono y el cable que lo tienes todos los meses ponlo en pago automático y así estarás consciente que no puedes tocar ese dinero, al mismo tiempo, no te preocuparás por las fechas específicas y esto te libera de estar preocupado por pagar esas cuentas

de gastos que son fijos. Esto además, te libra de cargos o moras que te pueden cargar por exceder la fecha de pagos. En fin, lo que queremos es tener la menor cantidad de pagos mensuales para que te simplifiques la vida. Mucha gente piensa que la idea es bajar los gastos, pero la realidad es que se trata de subir tus ingresos y tener la menor cantidad de deudas posible. Para subir tus ingresos tienes que tener tu mente libre de pequeños detalles para que puedas generar ideas. Es simple!

¿Cuáles son tus pagos fijos mensuales? Calcula la cantidad, y sabrás de cuanto será la suma que tienes que depositar en el banco mensual

¿Cuáles cuentas puedes consolidar?

Organiza tus Relaciones

Una parte importante que nos afecta en todos los ámbitos son nuestras relaciones. Las amistades, son mucho más importantes de lo que nos podamos imaginar porque compartimos mucho tiempo con ellas. Además, nuestros sueños, temores, experiencias y muchas veces hasta nuestros secretos son confiados a nuestros amigos. Aléjate de personas tóxicas y dramáticas. Haz un círculo de amistades que conozcas, que te quieran tal y como eres y

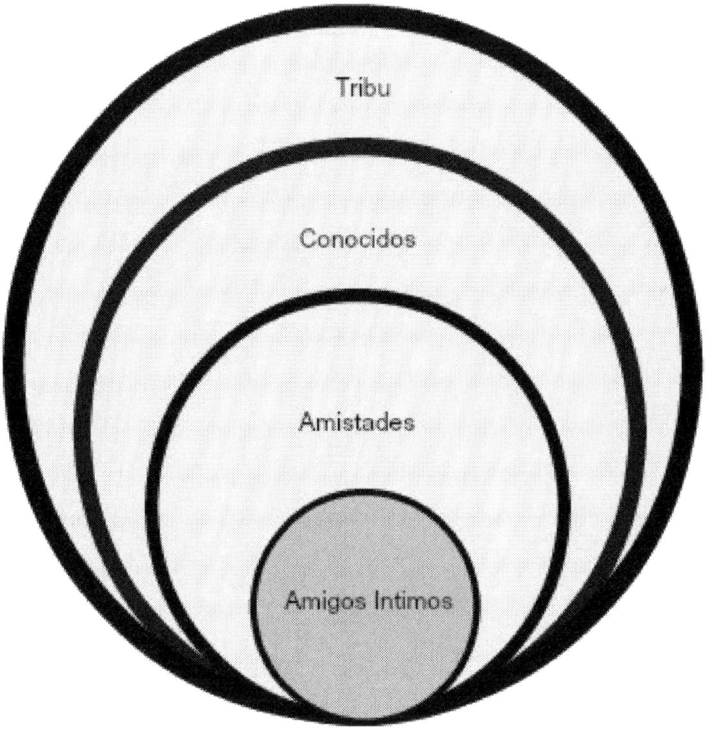

Niveles de amistades

algo muy importante, que sean sanas emocionalmente. Las amistades hay que saber elegirlas con cuidado.

Nosotras hemos dividido a nuestras amistades en varios niveles.

Círculo íntimo: Este amigo, si te quedas en el medio de una carretera a las tres de la madrugada te saldría a buscar sin ningún problema.

Si tienes algo en un diente te lo avisa de inmediato. Se entristece contigo y celebra tus buenas noticias. Sabe guardar secretos. Muchas veces estas amistades son más cercanos a ti que cualquier familiar y te defienden en diferentes circunstancias. Normalmente, cada persona tiene de tres a siete personas que caben dentro de este renglón.

¿Cuáles son las cinco personas que puedes decir con certeza que pertenecen a tu círculo íntimo?

El próximo nivel, son las amistades. Aquí dentro de nuestro círculo social normalmente tenemos de 25 a 50 personas dependiendo de tu personalidad. Estas personas las conoces bien. Te invitan a fiestas, asistes con ellos a restaurantes, interactúas con estos varias veces al año y conoces a algunos de sus familiares. No sabes todo lo de ellos, pero te sientes cómoda compartiendo con estos.

El tercer nivel, serían los conocidos. Este grupo es el más grande y dependiendo de tu personalidad, puedes tener de 100 a 250 conocidos. A estas personas las conoces por sus nombres, puede ser que no conozcas sus familiares pero sabes en qué trabajan. Los puede ver varias veces al año y se saludan, pero realmente no conoces su vida.

El último grupo, le llamamos nuestra tribu. Compartes con ellos en los medios sociales, te admiran, los admiras y son parte de tus conocidos, pero mucho más lejanos y muchas veces ni se han visto personalmente.

Organiza tus documentos

Ya organizamos tus emociones, tus finanzas y amistades ahora vamos a organizar tus documentos importantes. Aunque no lo creas tenerlos organizados da mucha paz.

Tener un lugar específico para certificados de nacimientos, pasaportes, documentos de propiedades así como cualquier otro documento financiero es muy importante. Estos documentos los debe mantener en folders o archivos para que siempre tengas un fácil acceso a estos rápidamente.

Algo que la gente normalmente no ve como desorganización, pero lo es, porque ocupa tu mente, son las cosas que tenemos pendientes. Por ejemplo: tengo que devolverle la llamada a mi hermana. Esas simples cositas que están en tu cabeza, cuando se acumulan te pueden causar estrés y tu ni saber porque estas estresado, y es que tiene muchas cosas pendientes que te perturban. Así que piensa en todas las cosas que tienes pendientes y vamos a resolverlas esta semana para empezar a cambiar nuestras vidas paso a paso. Vamos a atar todos esos cabos sueltos y sin resolver que tenemos en nuestras vidas.

Organiza tus lugares físicos

Ahora vamos, a hablar de los lugares físicos importantes de tu vida que son tu lugar de trabajo y tu casa. La condición de tu ambiente va a influenciar mucho la calidad de tu trabajo y tu bienestar mental. Es por eso que nosotras nos las pasamos botando lo que no tiene importancia y regalando lo que ya no estamos usando. Tener las cosas ordenadas y combinadas te va a inspirar a trabajar y te despejara la mente para que puedas ser más creativo. Saca papeles, ropa y hasta trastes que no estés usando.

Es interesante que los Judíos controlan el 90% de las finanzas del mundo y ellos celebran varias fiestas al año para darle gracias a Dios y recordar los eventos de sus ancestros. Dentro de estas la fiestas esta "El Shavuot" o "Pentecostés". Para preparase para El Shavout ellos 3 días antes limpian su casa de toda cosa innecesaria y ponen flores frescas. Esto lo hacen como un acto simbólico para recordar su salida de la esclavitud a la libertad. Sabrán algo los Judíos que nosotros no sabemos? Es espiritual la organización?

Lo que si sabemos de seguro es que la desorganización y el caos son las cosas que te distraen de lo que debes estar haciendo. Es lo que mantiene a la gente ocupada pero no productiva. Limpia tu vida, organiza tus desórdenes para que tu mente se pueda enfocar en las cosas que realmente te importan. Hay gente que dice que tienen un desorden organizado (no te engañes, eso no existe). Ocúpate de resolver aquellas cosas que crean distracción y frustración en tu vida diaria para que te puedes enfocar y moverte en libertad.

La limpieza y la organización tienen mucha recompensa, ahí es que está el principio del éxito. La energía y la fluidez que tendrás cuando te organices te darán mejores resultados. No es tan difícil como piensas es tener un lugar específico para todo.

Creamos una lista de control para ayudarte a ponerle orden a tu vida. No descartes estos pasos porque es de suma importancia dedicarles esta semana a organizarte.

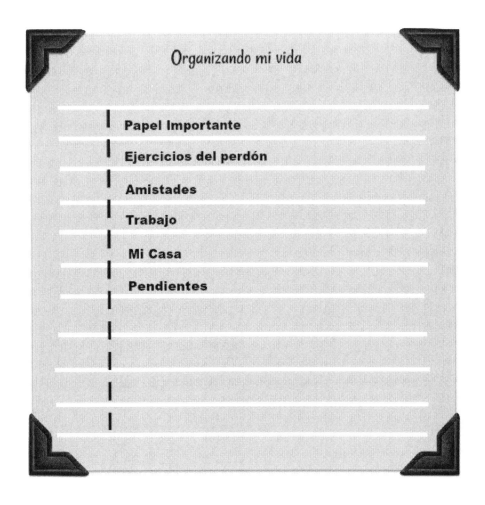

Organizando mi vida

Papel Importante

Ejercicios del perdón

Amistades

Trabajo

Mi Casa

Pendientes

6
IMPLEMENTA PROCESOS

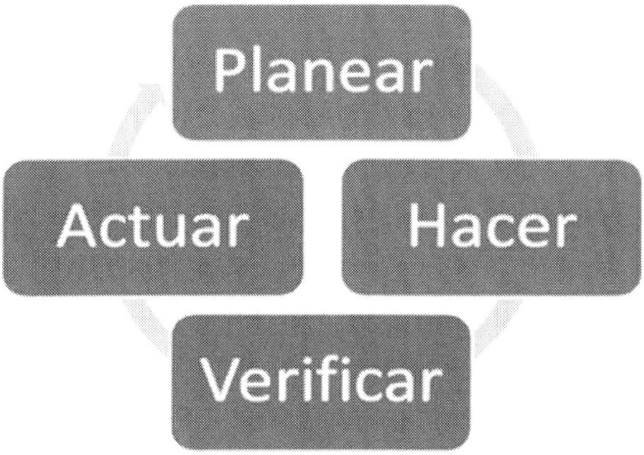

"LA GENTE DICE A MENUDO QUE LA MOTIVACIÓN NO DURA. BUENO TAMPOCO EL BAÑO, POR ESO LO RECOMENDAMOS DIARIAMENTE. " ZIG ZIGLAR

Parte del diseño de un plan para conquistar este año incluye crear e implementar procesos. Estos procesos nos ayudarán a ser mejores personas y profesionales más efectivos.

"Cuida tus pensamientos porque estos se convierten en palabras. Cuida tus palabras porque estas se convierten en acciones. Cuida tus acciones porque estas se convierten en tus hábitos. Cuida tus hábitos porque estos se convierten en tu carácter y cuida tu carácter porque estos se convierten en tu destino. Lo que pensamos en eso nos convertimos".
Mahatma Gandhi

Tus hábitos son importantes porque le dedicas la mayor parte de tu tiempo. Tus rutinas diarias son los procesos de tu vida que te ayudan a funcionar y operar a tu máxima capacidad. Tu calidad de vida siempre se verá reflejada por la disposición de los hábitos diarios que practiques. Si quieres hacer cosas grandes este es el momento para implementar nuevos métodos, que son más efectivos que las rutinas y cambiaran esas viejas prácticas que te estancan como persona.

El solo hecho de tener un ferviente deseo de lograr algo, indica que tienes la capacidad de hacerlo realidad.

"El punto de partida de todo logro es el deseo."
Napoleón Hill

Aquello que deseas de todo corazón, debes entender que puedes conseguirlo, siempre y cuando te enfoques en lo que quieres. El hombre que no tiene pasión por algo no tiene motivación ni deseos de hacer nada. El tener un deseo entusiasta por lograr algo no es un lujo, es una necesidad. Si eres de las personas que tienen aspiraciones en la vida, pero de cualquier cosita que te pasa te rindes, entonces, todavía no has descubierto ese anhelo ferviente que llevas dentro. Es una pasión que te despertará todas las mañanas y te fortalecerá cada día.

Todas las personas que han logrado ser exitosas en diferentes áreas, son porque han quemado todos los puentes que los pudieron llevar a retroceder. Una historia muy linda indica que Hernán Cortes llevó a sus tropas a conquistar a una nueva tierra y cuando llegaron al lugar mandó a quemar los barcos que lo transportaron allí y le dijo a su tropa "Conquistamos o fallecemos porque no hay vuelta atrás". Así debemos nosotros enfocarnos en lo que queremos con la mentalidad de que la única opción es ganar. Debes obsesionarte con esto hasta el punto que no te afecte lo que tu familia o amistades puedan opinar de ti. Ahora, te preguntamos: ¿Estás claro de lo que te apasiona?

¿Qué es lo que te apasiona?

¿Qué te ha impedido lograr lo que quieres?

No te rindas ahora. ¡SI has llegado hasta aquí con este libro no te detengas ahora! Si quieres llegar a tu verdadero potencial tienes que tener rutinas excepcionales cada día. ¿Te gustaría tener un coach a tu lado como lo tienen los atletas profesionales, artistas, políticos, celebridades dándoles ánimo y ayudándoles cada día? La mayoría de los coaches comienzan preguntando sobre tus rutinas diarias para luego evaluar donde puedes cambiar o mejorar. Así es que por ahora tu vas a ser tu propio coach y vamos a tomar el control en nuestras manos (además te ahorras el dinero de pagarle a un coach).

Recuerda que todo lo que estamos haciendo es para conquistar y tener un año excepcional. No podemos lograr algo nuevo haciendo las mismas cosas del año pasado, porque nos quedaríamos en un círculo sin salida.

"Somos lo que hacemos de forma repetida, entonces, la excelencia no es un acto sino un hábito "Aristóteles.

Vamos a mantenernos enfocados en el resultado. Vamos a ver a quién o qué le dedicas uno de tus más preciados recursos, el tiempo.

Utiliza la parte de notas de tu celular o si puedes te recomendamos usar un cuaderno de apuntes durante esta semana. En ese cuaderno vas a escribir todo lo que haces desde la hora que te levantas, lo que compras, comes, con quién hablas y hasta si no estás ocupado en un breve tiempo, también lo anotaras. Cada media hora debes escribir en tus notas lo que has hecho y lo que estás haciendo, de esa manera llevarás un control de tus acciones.

Al final de la semana te darás cuenta cuáles son tus hábitos. Ahora, vas a comprender que haces cada día, porque lo haces, cuándo lo haces y cómo lo haces. Vamos a ver dónde podemos hacer cambios para aprovechar más el tiempo y acercarnos más a las cosas que queremos lograr.

Ya conoces tus hábitos y los patrones a seguir, la idea, ahora, es hacer cambios positivos y poderosos para que puedas funcionar en un nivel más alto cada día.

Hábito	**Positivo Negativo**	**Tiempo Diario**	**Tiempo Semanal**

Ahora, cambia los hábitos negativos y poco productivos por hábitos positivos. Piensa en algo que puedas hacer diario que te vaya a hacer más fuerte, inteligente y dedicado a tus metas

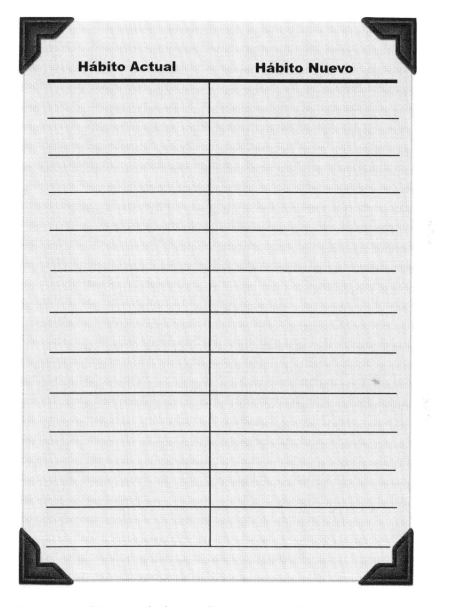

Hábito Actual	Hábito Nuevo

Empieza a cambiar tus hábitos diarios inmediatamente para que te des cuenta de los resultados.

7
Se honesto contigo

"LOS DOS DÍAS MÁS IMPORTANTES DE TU VIDA SON EL DÍA QUE NACISTE Y EL DÍA QUE DESCUBRES POR QUÉ"

Mark Twain

Para vivir una vida realmente satisfecha y significativa debes conocer quién eres realmente. Nuestro deseo es que a esta altura del libro y con todos los ejercicios que has puesto en práctica tengas una visión más clara sobre quién eres y lo que quieres ser.

Vamos a hablar ahora sobre nuestras creencias. Las creencias muchas veces que tenemos no son nuestras, son heredadas o traspasadas de generación en generación. Por ejemplo: si un niño escucha mucho que el dinero es difícil de conseguir, ¿con qué creencia piensas que va a subir este niño? De igual manera, si una amiga repite mucho que para ser bonito hay que ser rubio y ojos azules. ¿Qué creencia puedes adoptar tú? Por eso, es que es tan importante con quien nos juntamos porque fácilmente somos influenciados por las creencias de otras personas y ni cuenta nos damos. Con los familiares es un poco diferente, a ellos no los podemos elegir y tienen muchas veces control sobre nosotros. Lo que sí podemos hacer es revisar nuestras creencias; darnos cuenta de que las cosas no son como creemos y cambiar nuestras suposiciones.
Entre más tiempo tienes expuesto a una idea más tiempo te tomará reponerla con otra, pero eso puede cambiar siempre y cuando pongas de tu parte. Lo importante es que sepamos donde estamos mal para de esa manera poder trabajar en ello.

Una creencia muy común y hace mucho daño es la de que no hay suficiente. No hay suficiente dinero, hombres, mujeres, trabajos, comidas, etc. ¿Quién dijo que no hay suficiente: Tu papá, tu mamá? ¿Y dónde quedas tú? Lo creíste, por eso nunca tienes suficiente. Tus creencias y pensamientos forman tu mundo. Te retamos a que pienses como pensamos nosotras.

¡YO TENGO SALUD, AMOR, PAZ Y DINERO EN ABUNDANCIA!

Cuando empieces a pensar así cambiarán muchas cosas en tu vida. Cuántas veces no hemos escuchado a personas decir: "No hay hombres" o "No hay felicidad completa" o "Mientras más ganas más gastas", para estas personas siempre falta algo, nunca están satisfechos y como no lo están llega el pesimismo. Ellos hablan así porque su punto de enfoque está errado, tienen una falsa creencia que arrastran. Su punto de enfoque está en la escasez y ¿sabes qué pasa con esta gente? "Nunca salen de la miseria y la escasez". Por más carencia que pueda existir en tu vida, siempre habrá algo que tienes en abundancia. ¿Por qué no concentrarte en eso?

Que tengo en abundancia?

Es posible que estés soltero(a) o puede ser que tengas dificultades en las finanzas, pero eso no significa que siempre va a ser así. Muchas veces, nosotros sin darnos cuenta vivimos en el pasado o presumimos de ser realistas, y que no vamos a estar soñando porque alguien tal vez dijo con una connotación negativa: "oye, fulano si es soñador", y en ese momento tu dijiste internamente: "No seré como fulano".

Mucha gente piensa que su futuro va a ser como su pasado. De hoy en adelante vamos a vivir con el entendimiento de que porque en el pasado nos ocurrió algo, no necesariamente va a ser así nuestro futuro. Un ejemplo: tuviste una relación donde tu pareja te fue infiel y ahora andas con el pensamiento de que tu actual pareja te va a ser infiel. Eso es vivir en el pasado, demuestra inseguridad. Pero no debe ser así, debes estar positivo y olvidar las cosas negativas con la convicción de que no volverá a suceder.

En la vida vamos a pasar por diferentes etapas. Tiempos de soledad, de mucho amor, de escasez y de abundancia. Así como pasan los ciclos de otoño, invierno, primavera y verano también pasará cualquier etapa en la que te encuentras hoy, pero nunca pienses que las cosas pueden empeorar piensa en que las cosas van a mejorar. Nuestras vidas van como dice la biblia: "De Gloria en Gloria".
Sin embargo, tenemos que controlar los temores que están en nuestra mente. Nosotras sabemos que mantenerse positivos es difícil en ocasiones, pero el pensar en lo negativo no nos ayudará en nada, al contrario, nos hará sentir cansados, desanimados, y sin esperanzas. Haz escuchado el dicho: "Lo último que se pierde es la esperanza". Esto no solo es la verdad, es una ley de vida y está comprobado. Los pacientes de enfermedades terminales que pierden la esperanza mueren mucho más rápido que aquellos que se mantienen positivos y con la creencia de que se sanarán. ¿Sabes por qué? Porque tenemos poder en nuestros pensamientos y las cosas que en las que pensamos eventualmente se convierten en realidad.

No pierdas tiempo pensando que te puede ir mal porque la misma energía, se la puedes dedicar a pensar que te puede ir bien. Hay una historia en la Biblia donde se habla de cuatro leprosos sentados con hambre en la entrada de una ciudad, en las crónicas, estas expresan: "Si nos quedamos aquí de seguro vamos a morir de hambre y si nos movemos tal vez nos podemos morir pero es posible que encontremos comida y viviremos." Ellos decidieron movilizarse y pensar en las probabilidades positivas que les podían estar esperando y al moverse no solo comieron ellos, sino un pueblo entero, por su decisión de ponerse en acción y no permitir que el temor y la negatividad los detuviera.

Nosotras te podemos asegurar que si te enfocas en ver las cosas positivas que hay en tu vida pasarás cualquier etapa difícil que se te presente y no perderás tu sueños, ni tu pasión. Nosotras sabemos de lo que te estamos hablando porque las tres hemos pasado por situaciones, en algún momento, donde quisimos tirar la toalla, pero como hicieron los leprosos nos paramos y dijimos: "Aquí no nos vamos a morir!", y seguimos luchando por nuestros sueños. Las personas más amargadas son aquellas que dejaron que se le apagara la llama de la pasión.

Tus pensamientos tienen que ser positivos aunque veas lo contrario. En la vida hay abundancia de salud, paz, amor y dinero. Si te llega un pensamiento de temor (prepárate para cuando llegue, porque llegará!), enfócate en que es una creencia que tú tenías y ya la estás cambiando por la verdad. Además, recuerda que tú naciste para ser una persona exitosa y aunque temporalmente no se vea de esa manera ese es tú destino en el mundo. Toma una decisión consciente y enfócate en lo positivo que hay en tu vida.

"Preocuparse es tiempo perdido. Toma esa misma energía y dedícaselo a resolver lo que te preocupa."
Oprah Winfrey

Hay personas a tu alrededor que solo hablan de escasez. ¿Quiénes son? Es importante detectar esas personas para que estés atento/a a las creencias erradas cuando estés con ellos.

¿Cuál es ese pensamiento negativo que te ha paralizado al momento que vas a hacer algo por tus sueños?

¿Qué pensamiento positivo sería lo contrario a ese pensamiento negativo?

¿Qué acción puedes tomar hoy que te pueda llevar a tu próximo nivel si emplearas dicho pensamiento positivo?

Las creencias limitantes se encuentran casi siempre en las siguientes áreas porque son la mas importantes:

- Relaciones
- Dinero
- Amor
- Negocios
- Trabajo
- Comida
- Salud
- Religión
- Familia

Haz el siguiente ejercicio cada vez que te des cuenta de alguna creencia errada o limitante.

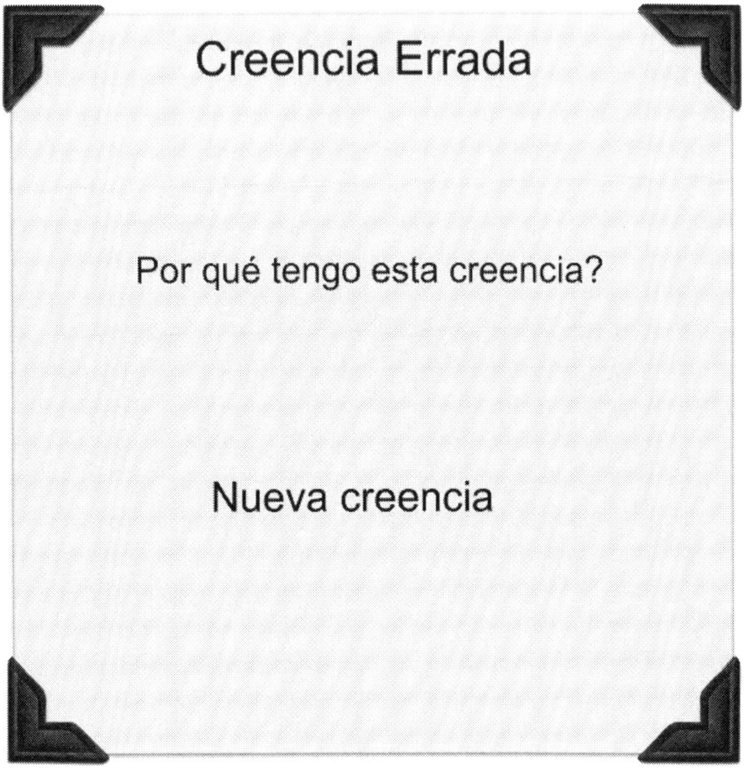

8
TOMA ACCIÓN

"LAS COSAS NO SE DICEN, PORQUE AL HACERLAS SE DICEN SOLAS."
Woody Allen

De nada nos vale tener muchos sueños y planes si no tomamos acción, este debe ser el principio básico en nuestras mentes. Muchas veces, postergamos las cosas esperando ver todo claro o tener todo en su lugar, pero en ocasiones debes simplemente tomar acción. A medidas que actuamos podemos ver como se nos abrirán las puertas y llegaran personas, ideas y muchas oportunidades que no las esperaríamos si no tomábamos una decisión. ¿Qué es lo que no has hecho por temor a fracasar? ¿Qué te impide hacer lo que quieres en la vida? Analiza si no son simples excusas para no enfrentar las cosas que sabes que debes hacer para lograr lo que quieres. Oprah es una de las mujeres más ricas del mundo, y se ha convertido también en una de las féminas más poderosas del planeta. Se crio sin hogar, fue violada y quedo embarazada a los 13 años, pero no permitió que esas desgracias la detuvieran en la vida y diera como resultado ser la mujer que hoy es. Oprah, al igual que tú y otras personas, sufrió mucho porque es afroamericana y gordita, estereotipos que hace unos años se veían mal, pero eso tampoco la detuvo para lograr su meta de vida. Igual que Oprah, rompe con esos esquemas que en ocasiones la sociedad te exige. Tú también tienes un lugar donde debes estar… estás permitiendo que tu pasado o tu circunstancias te agobien, te paralicen? Si ella pudo con esa niñez frustrante, ¿por qué tú no puedes hacerlo?

¿Cuidado si el temor es lo que te frena lograr lo que quieres?

No podemos andar escuchando las historias de derrota de todo el mundo, porque muchas veces estas se nos quedan en nuestro subconsciente y sin darnos cuenta lo aplicamos a nuestras vidas como un hecho y empezamos a buscar excusas para no perseguir nuestros anhelos.

Hay una frase que por casualidad nos encanta a las tres: "Es mejor intentar algo y fracasar que dejar de triunfar por temor a fracasar" Es como decir "si lo haces puedes fracasar, pero si no lo haces como quiera estarás fracasado". Tienes dos opciones: Te mueves o te quedas donde estás, y cargarás contigo siempre la cruz de no saber cómo te habría ido tras haberlo intentado, lo mejor es haber tanteado el terreno y si no te va bien inténtalo de nuevo.

"La diferencia entre ganar y perder a menudo consiste en no abandonar" Walt Disney

Siempre nuestros temores están en la imaginación y si podemos vencer esos pensamientos negativos y de derrota, nos ponemos en un lugar de poder. Un espacio, donde nada es imposible y podemos lograr lo que nos proponemos.

Estar en un punto del poder es cuando te sientes que puedes, un lugar donde no hay un pensamiento que te diga que no es posible. Un ejemplo sencillo: todos los días te levantas y te cepillas los dientes, ¿verdad? No te llegan pensamientos negativos de que no lo puedes hacer, que puedes caerte o quedar en ridículo por levantarte y cepillarte los dientes? Es algo, que automáticamente lo haces. Se ha convertido en una actividad con la cual estás familiarizado a diario. Estás en una zona de poder porque tú sabes que eso es algo que no hay dudas que lo vas a poder hacer. En otros casos, ¿hay algo nuevo qué quieres hacer? Diríamos empezar un negocio por ejemplo, y algo te dice: "Eso no lo puedes hacer, perderás el dinero, quedarás en vergüenza, (lo seres humanos tenemos mucho miedo a quedar en ridículo) tú no sabes de eso, etc.". Aquí estás en un momento de derrota donde los pensamientos que te llegan están llenos de temor.

Cómo Moverte del Temor al Poder

No es casualidad que tengas el deseo ardiente de algo que quieras hacer en la vida. Todas nacemos con un propósito y de ahí sale nuestra pasión. Tienes que tener fe de que ese deseo nació contigo y si nació contigo es porque es posible. Si otros lo han hecho porque tú no lo puedes lograr. Convéncete de que lo puedes conseguir y asegura que ninguna duda entre a tu mente. Cada vez que te llegue una incertidumbre quítala de tu cerebro hablándote a ti mismo y ponte positivo diciéndote: "Si, yo puedo". Hablarte a ti mismo es un buen ejercicio, puedes hacerlo frente a un espejo cuando estés empezando, pero luego lo harás en automático como lo hacemos nosotras. Te aconsejamos que cuando lo vayas hacer... estés solo, no vayas a levantar sospechas de que te estás poniendo loco porque no todo el mundo entiende esto.

Haz una lista de porque PUEDES hacer lo que te propones, para que en el momento que te lleguen las dudas tengas a mano la prueba de que "SE PUEDE". ¿Cuáles son las excusas que más utilizas? Las excusas no son más que temor disfrazado.

DUDA o TEMOR EXCUSA	Prueba de que se puede
Tuve una niñez difícil	Oprah fue violada y abandonada por su madre

Ponte en acción

Escuchamos mucha gente decir: "estoy esperando", "estoy orando", para que las cosas me lleguen o se me den. Es importante esperar el momento y planificarse pero, "Hello, despierta!". Hay personas que duran años en lo mismo y nunca terminan de arrancar. Si hay algo que quieres lograr estudia sobre eso. Reúnete con compañeros que ya estén en el área que te interesa. Habla lo que quieres hacer, escríbelo y visualízalo. Búscate un mentor, alguien que ya subió hace tiempo los primeros escalones que ahora tú debes tomar. Puede ser que quieras diseñar joyas. Analiza tu talento, mejórate en esa área, estudia sobre las joyas, refina tus gustos buscando lo que están haciendo los famosos confeccionadores e infórmate sobre cómo ellos empezaron su carrera. Es importante que te muevas e investigues, porque a medidas que empieces hacer algo, se te irán abriendo las puertas para conocer lugares y personas que te pueden ayudar en tu camino.

Piensa hoy mismo en personas que te pueda ayudar a construir un plan de acción para cada una de tus metas.

Personas que me pueden ayudar

Meta 1 ______________________________

Meta 2 ______________________________

Meta 3 ______________________________

Meta 4 ______________________________

Meta 5 ______________________________

Hazlo con Miedo

Tienes que lanzarte al agua sabiendo que hay dos posibilidades; ganar o perder, pero concentrándote en que todo te saldrá bien. Para enfrentar tus temores siempre debes tener esto pendiente. Tenemos que medir nuestros riesgos cuando vamos hacer cualquier cosa nueva, pero no podemos concentrarnos tanto en los resultados negativos. Más bien, tenemos que pensar que si lo hacemos y nos va bien habremos triunfado y con eso en mente el camino será mucho más fácil y placentero. Se debe pensar en la "big picture" o la "foto en grande". Por otro lado, si fallamos adquirimos experiencia y sabremos qué camino no escoger. Esto tampoco te da derecho a rendirte porque no te funcionó de la manera que esperabas, pues entonces tu próximo paso debe ser buscar otra estrategia. Si el plan A no te funciona recuerda que el abecedario tiene 26 letras mas.

"El fracaso es la oportunidad para empezar otra vez con más inteligencia" Henry Ford

Escríbelo y háblalo con tu Gente

Háblalo, escríbelo y visualízate haciéndolo. Si hay algo que te da miedo hacer, por temor a fracasar, compártelo con personas de confianza que sepas que te pueden apoyar. Mientras tú deseo y el miedo que sientes, solo lo sepas tú es difícil que puedas adelantar. Destapa ese miedo escondido que te come por dentro… quítale la máscara y enfréntate a él. El temor cuando lo tienes como secreto tiene poder. OJO: Muchas veces las personas que más queremos no tienen la capacidad de reconocer los talentos que tenemos, y son los primeros en desilusionarnos, por eso te repetimos: "Personas que tu sepas que tienen la capacidad para apoyarte". Haz un lista de cosas que tienes tiempo diciendo que quieres hacer y nunca ha empezado.

Escribe cinco cosas que no has hecho por temor:

Notas:

¿Cuáles son los pensamientos negativos que te llegan cuando piensas en hacer estas cosas y por cual pensamiento positivo lo puedes cambiar?

Pensamiento Negativo	**Pensamiento Positivo**

Ahora que tienes un substituto a ese pensamiento negativo, cada vez que te llegue a la cabeza, rápidamente cámbialo por el positivo. Es un ejercicio como cualquier otro, la práctica del mismo es lo que te va a ayudar.

Usa el aceite especial

Si una de tus preocupaciones es lo que diga la gente. No te preocupes por eso, porque está comprobado que nunca podrás tener a todos felices... todo el tiempo. Siempre habrá una persona que no le guste o critique lo que quieres hacer. Al menos, que tú seas una papeleta de 100 dólares porque esas sí que les gustan a todo el mundo. No te juntes con personas negativas y no permitas que te cuenten chismes. "A palabras necias oídos sordos". Nosotras hemos aprendido a usar un aceite que cuando la gente habla de nosotras nos lo aplicamos y nos ayuda a ignorar los comentarios más hirientes, desalentadores y crueles que muchas veces ni siquiera están basados en la realidad. Se llama el aceite "La Loca", este nunca nos ha fallado. Los lectores que no son Dominicanos es posible que necesiten un interprete para entender este concepto…pues llame ese amigo para que te explique porque es importante!

Si te va mal

No serás ni el primero ni el último en que las cosas no le saldrán como las ideó. El próximo paso es seguir para adelante como lo hizo Thomas Edison. Él tenía su idea pero fueron más de 1000 veces que lo intentó para poder crear lo que hoy es "El bombillo". Abraham Lincoln es otro ejemplo, el perdió las elección 18 veces antes de ser elegido como Presidente de los Estados Unidos. Entonces, que a ti te vaya mal dos o tres veces no puede ser razón para detenerte, Sigue intentando lograr lo que quieres porque está demostrado que el que persevera es el que triunfa.

El fracaso es la oportunidad para empezar otra vez con más inteligencia. Henry Ford

Todo lo que hemos analizado y hablado hasta ahora no nos sirve de nada si no te pones en acción. Nada va a cambiar aunque tengas el mejor plan del mundo a menos que te muevas. Creamos este libro para que tú puedas ver resultados, progreso y crear la vida que realmente quieres vivir.
Aquí empieza la jugada, es tiempo de acción y tienes que tener tus jugadas listas para empezar a ejecutarlas.

Vamos a crear un plan de acción basado en todo lo que hemos hablado hasta ahora incluyendo tus hábitos, rituales y el tipo de persona en la que te quieres convertir. ¿Qué necesitas hacer, y para qué fechas? Vamos a trabajar en periodos de tiempos de 90 días (tres meses) para que no te sientas abrumado.

Debemos mantener el plan sencillo. Nos vamos a enfocar en tomar acción inmediata y ser consistente. Tu plan debe ser tan sencillo que lo podría entender un niño de 10 años. Recuerda que los primeros 90 días se trata de disciplina y consistencia.

No te enfoques en la perfección, enfócate en progresar. Haz algo todos los días porque así es que se consigue la perfección. El plan debe ser fácil de leer y de hacer.

Para hacerlo más fácil vamos a dividir las metas en renglones.
Debajo te pusimos un ejemplo en el área de dinero asumiendo que estamos en Enero:

Ejemplo de un plan con el fin de ahorrar 5,500 dólares para irte de vacaciones en Diciembre .

Logro	Fecha
Buscar un trabajo que page mas	3/15
No comer en restaurantes	2/1
Llevar almuerzo al trabajo	1/31
Economizar 500 doólares al mes	1/31
Cancelar el servicio de cable	1/31

Notas:

Planifica semanal

Los domingos debe ser el día ideal de planificar la semana completa para así tener clara las cosas que debes lograr en los próximo siete días.

Planifica diario

Cada noche antes de acostarte planifica lo que quieres hacer el siguiente día. Este paso es clave para tener progreso. Recuerda que si no tienes un plan, caes en el plan de otra gente.

"Una meta sin un plan es solo un deseo."
Antoine de Saint-Expury

Hay personas que viven preocupadas por el pago del carro, la deuda de las tarjetas, los préstamos estudiantiles; pero con preocuparte no se resuelve nada y es una pérdida de tiempo. Tu única intranquilidad ahora mismo debe ser; asegurarte de tomar acción porque eso sí que te va a resolver y te va a acercar a lo que quieres. Lo único que debe estar en tu mente es tomar ACCIÓN, porque solo la acción te llevará donde tu quieres ir.

Asegúrate de que cada hora y cada momento del día este lleno de actividades que te lleven a tu meta y por ende a tu progreso.

¿Estás claro de lo que quieres lograr en los próximos siete días? Aquí es donde se paran las aguas, aquí es que se sabe quién es quién y quién en verdad quiere lograr sus sueños y está dispuesto a cambiar.

Para planificar tu día es importante que mantengas visualmente tus objetivos principales y pensar "¿Qué puedo hacer hoy para acercarme a mis metas?".

Nosotras te recomendamos usar una agenda especifica que nos ha ayudado a mantenernos organizadas y enfocadas todos estos años. La agenda Franklin Covey te ayuda a establecer prioridades. La clave del sistema de Franklin Covey es la prioridad. Esta agenda te ayuda a fijar metas y hacer un esquema de las tareas diarias, asignándoles prioridades a las tareas por número. Al concentrarte en hacer las tareas más importantes, evitarás perder tiempo y mantener el control de las tareas que realmente son críticas y urgentes.

Tienes que ser consistente. Se tarda aproximadamente 21 días para formar un hábito. Si puedes planificar, priorizar y completar tus tareas durante 21 días, encontrarás que se hace mucho más fácil el mantenerse organizado. Lo único malo del Franklin Covey es que es un poco costoso pero no necesariamente tienes que comprar la agenda para usar el sistema. Puedes entrar a su website y descargar un ejemplo gratis de sus formatos de planificación.
La clave de la agenda es organizar tus tareas por orden de importancia con letras y números. Determinar que es muy importante, importante y no importante, luego determinar que es urgente y no urgente. De esta manera tu empleas tu tiempo en las cosas que más importancia tienen en tu vida y esto te dará un sentido de satisfacción, porque planificaras de acuerdo a las cosas que más te importan en la vida.

9
CREE SIN LUGAR A DUDAS

"TODO LO QUE LA MENTE DEL HOMBRE PUEDA IDEAR, PUEDE CONSEGUIR"
W. Clement Stone

Ahora te vamos a pedir un favor. Para que todo el trabajo que hemos hecho no haya sido en vano….esta es la parte más importante. El paso que debes tomar ahora es creer en ti mismo y tu visión. Piénsalo si tú no crees en ti mismo. ¿Por qué debe otra persona creer en ti? Te pedimos que creas ahora que todo es posible y que tú vas a trabajar arduamente cada día para lograr los resultados que realmente quieres para tu vida. Tú tienes el poder de manifestar y crear todo lo que tú quieras pero primero lo debes crear en tu mente.

Cuando se inauguró Walt Disney World, ya Walt Disney había muerto y dicen que un amigo cercano le dijo a la esposa de Walt Disney, "Que pena que Walt no pudo ver el parque." y ella le contesto "Si él no lo hubiera visto, no estuviera aquí ahora!" Ella se refería a que Walt Disney para poder diseñar el parque tuvo la visión de cómo lo quería. Disney fue el que dijo, "Si lo puedes soñar, lo puedes lograr". Así mismo para tu poder lograr cualquier cosa tienes primero que verlo para que a partir de tu visión puedas planificar los pasos que vas a dar. Tú tienes ese don...todo tenemos ese don. Eso en lo que te enfocas se magnificara. Por eso de la misma manera que si te enfocas en cosas negativas eso mismo se magnificara. Si te enfocas en lo que deseas, atraerás más de lo que deseas. Si te enfocas en lo que te falta, seguirás creando la ausencia de eso que te falta. Si es positivo se magnificara y si es negativo también. Es por esta razón que debemos tener mucho cuidado con nuestros pensamientos diarios.

"Tanto si piensas que puedes, como si piensas que no puedes, tienes razón" Henry Ford

Visualización

La visualización es una importante parte de tu día. Trata de dedicarle por lo menos diez minutos a visualizar la vida que quieres y la persona en la que te quieres convertir. Tenemos que entrenar nuestra mente a hacerlo todos los días y varias veces al día, hasta que lo hagas por naturaleza.

La mejor manera de visualizar tus metas es después de leerlas. Luego cierra los ojos e imagínate como te vas a sentir cuando logres lo que quieres. La visualización es la mejor manera para empezar a ver, sentir y creer en ti y en tus sueños.

Otra forma de practicar la visualización es creando un visión board o álbum con fotos que te recuerden esas cosas que tú quieres. Nosotras tenemos nuestros visión boards en nuestros teléfonos porque en cualquier momento que no estamos haciendo nada aprovechamos para mirar y recordarnos por lo que trabajamos. En nuestro visión boards tenemos imágenes que nos inspiran, memes con frases inspiraciones, fotos de personas que admiramos que han logrado superarse. Es una forma de motivarse rápido.

Otra herramienta poderosa que utilizamos es hacer listas porque entre mas claro estas con lo que quieres, mas fácil será reconocerlo cuando lo veas. Por ejemplo: estas buscando un apartamento entonces haces una lista de como quieres que sea el apartamento. Lo mas importante en esta lista es que seas lo mas especifico y detallada que puedas. Un apartamento con piso de madera de dos habitaciones con parqueo, que entre mucho sol etc., etc. Nosotras hemos hecho esta lista para futura pareja, carro o trabajo y hemos logrado conseguir lo que queramos, casi al detalle.

La Motivacion

La motivación es una palabra clave en el camino hacia tus sueños. El diccionario dice que la motivación es: Cosa que anima a una persona a actuar o realizar algo. Cuál es tu "cosa" que te motiva? Cuando te sientes motivado nada es imposible. Motívate y motiva a otros en tu vida, en tu negocio, relaciones y salud porque cuando motivas a otros también te motivas tú.

Las Excusas

Napoleón Hill escribió sobre estas en el 1937 en su libro, "Think and Grow Rich.". Esta información, aunque hace muchos años que él escribió el libro está muy actual, porque los principios del éxito nunca cambian. Tampoco cambian las excusas y justificaciones que utiliza el ser humana para excusarse, por no atreverse a por lo menos tratar de lograr sus sueños.

A medida que vayas leyendo analízate a ver cuál de estas excusas estas utilizando para esconderte detrás de ellas.

Napoleón Hill dice que las personas que no han sido exitosas tienen algo en común. "Todas saben la razón por la cual no han sido exitosas" Él le llama las 57 excusas escritas por el "Viejo SI".

SI no tuviera esposa…
SI tuviera relaciones…
SI tuviera dinero…
SI tuviera una buena educación
SI tuviera un buen trabajo
SI tuviera buena salud.
SI tuviera más tiempo
SI los tiempos fueran mejores
SI la gente me entendiera
SI las condiciones a mi alrededor fueran diferente

SI pudiera vivir mi vida una vez más
SI no tuviera temor al "qué dirán"
SI me hubieran dado la oportunidad
SI tuviera la oportunidad ahora
SI la gente no me odiara
SI nada pasara para detenerme
SI fuera más joven
Si solo pudiera hacer lo que quiero
SI hubiese nacido rico
SI pudiese conocer las personas correctas
SI tuviera el talento que tienen otros
SI pudiera atreverme
SI hubiese aprovechado las pasadas oportunidades
SI la gente no me pusiera los nervios de punta. . .
SI no tuviera que cuidar la casa y los niños. . .
SI pudiera ahorrar algo de dinero…
SI el jefe solo me apreciara…
SI solo tuviera alguien que me ayude. . .
SI mi familia me entendiera…
SI yo viviera en una gran ciudad…
SI pudiera comenzar. . .
SI solo fuera libre. . .
SI tuviera la personalidad de algunas personas. . .
SI no fuera tan gordo. . .
SI mis talentos fueran conocidos. . .
SI pudiera obtener un "descanso". . .
SI solo pudiera salir de la deuda. . .
SI no hubiera fallado…
SI solo supiera cómo. . .
SI todos no se hayan opuesto a mí. . .
SI no tuviera tantas preocupaciones…
SI pudiera casarme con la persona adecuada. . .

SI la gente no fuera tan tonta…
SI mi familia no fuera tan extravagante…
SI estuviera seguro de mí mismo…
SI la suerte no estuviera en mi contra…
SI no hubiera nacido bajo la estrella equivocada. . .
SI no fuera cierto que "lo que será, será". . .
SI no tuviera que trabajar tan duro. . .
SI no hubiera perdido mi dinero. . .
SI yo viviera en un vecindario diferente. . .
SI no tuviera un "pasado". . .
SI solo tuviera un negocio propio. . .
SI otras personas solo me escucharan…

SI, y esta es la mejor de todas, tuviera el coraje de verme a mí mismo como soy en realidad, descubriría qué es lo que está mal y lo corregiría, entonces podría tener la oportunidad de aprovechar mis errores y aprender algo de la experiencia de otros, ya que sé que hay algo mal conmigo, o ahora estaría donde habría estado SI hubiera pasado más tiempo analizando mis debilidades y menos tiempo construyendo excusas para cubrirlas.

Crear excusas es tan viejo como la raza humana y también uno de los comportamientos que más le impide a una persona ser exitosa. La vida es como un juego donde tu oponente es el tiempo. Si no te mueves o permites que la indecisión controle tu vida perderás el juego sin darte ni cuenta.

¡Tienes que creer sin lugar a dudas! Las dudas siempre intentaran invadir tu mente. Tu mente es una herramienta poderosa que debes mantener bajo control. Controlar tu mente es controlar tus pensamientos y lo que visualizas.

Cuando logres encontrar una pasión o deseo ardiente para conseguir algo...en ese momento tendrás un cambio poderoso en tu vida y conocerás la verdad "¡Que todo es posible!"

10
DESCANSA, EVALUA Y VUELVE A LA CARGA

"EL QUE NO A COMETIDO UN ERROR NUNCA A INTENTADO NADA" Albert Einstein

Si tuviera 10 días cortando madera en el bosque llega un momento donde debes pararte a afilar la sierra. Este es un habito que recomienda Stephen Covey en su libro y es que llega un momento, que si no tomas tiempo para recobrar energías y analizar lo que has hecho te vas convirtiendo en menos productivo. Este habito se refiere a recuperarte en lo físico, espiritual, mental y social emocional.

Cuando estas trabajando para un objetivo es bueno siempre tomarse un día de descanso para reanimarte y ver desde afuera de una manera objetiva lo que has hecho y evaluar si estas en el camino correcto.

CONFIA EN TUS IDEAS

En el 2005, había tres jóvenes que querían compartir videos por el internet con sus amigos. Ellos se inventaron una manera de hacerlo- una manera para que sus videos se pudieran ver en cualquier buscador de internet y comenzaron su pequeña compañía que se llamaba YOUTUBE. Un año más tarde vendieron su compañía a Google por 1.6 billones de dólares y la revista TIME le llamo a su idea el "Invento del Año". Una pequeña idea puede transformar una persona, una nación, hasta el mundo. Si no lo crees chequea a Facebook, Instagram, UBER, AIRBNB entre otros negocios. Es posible que la próxima gran idea este dentro de ti pero si no te atreves a moverte veras como otro desarrolla la gran idea que tú tuviste primero.

Pocos saben que cuando Henry Ford dijo que iba a transportar la gente sin caballos, hablaba en serio.

Es posible que tú digas "Es que no tengo las relaciones, no tengo el dinero" ¡ASOCIATE! Hay algo que se llama el poder de la asociación y es que cuando tú no tienes algo, debes buscar lo que tú no tienes en otra persona y hacer alianzas estratégicas. No te imaginas el poder que encontraras porque como dicen "Cuatro ojos ven más que dos" y lo que no tienes tú, lo tiene el otro, por eso es bueno trabajar con otras personas, además la unión de fuerzas hace el equipo completo poderoso.

MIDE TU PROGRESO

Mide tu progreso cada día y pregúntate, "¿Que he hecho hoy para acercarme a mi objetivo?". Debes asegurarte que estés progresando en el camino correcto y con el tiempo prudente. Si te mantienes midiendo tu progreso y en algún momento te desvías te darás cuenta a tiempo. Un ejemplo: muchas veces nos dirigimos con un objetivo en mente y cuando nos revisamos, nos hemos salido del camino sin darnos cuenta. A nosotras nos ha pasado que empezamos a hacer ejercicios y nos desesperamos porque no vemos los resultados rápido, pero en el camino se nos olvidó que nuestro objetivo principal era la salud. Es fácil salirse de camino, por eso es tan importante la constante revisión.
Las áreas más fáciles para medir el progreso son aquellas que se pueden medir con números, por ejemplo el dinero. Es fácil medir si vas bien con el ahorro que te propusiste. También la salud es fácil medir, porque hay maneras de captar donde empezaste y cuál ha sido tu progreso. Es fácil sentir que no estas progresando pero si estás haciendo algo todos los días y tomando acción, eventualmente veras el progreso y el resultado. Para ser exitoso en cualquier área de tu vida, la clave es ser consistente y persistente durante un periodo de tiempo.

Muchas veces se nos olvida porque empezamos a hacer algo diferente, por eso es tan importante tener nuestras metas escritas y tener un lugar donde podemos confirmar nuestras reales intenciones.
Ya tienes un plano, ahora la ejecución de tu plan de acción es que determinara tu nivel de éxito, satisfacción y resultados.

LOS MOMENTOS DIFÍCILES

A veces estamos desmotivados por cosas que nos pasan o simplemente hay un día que amanecemos sin deseos de caerle atrás a las metas. Ese día todo lo vemos difícil y trabajoso. Hay que estar preparados para estos momentos porque siempre habrá adversidades. Algo que nos ha ayudado mucho a nosotras y las tres coincidimos en esto, es que hay que tener escrito las cosas positivas que hay en tu vida porque las negativas son fáciles de recordar. Nosotras le llamamos nuestra lista de gratitud. Es una lista de cosas por las cual estamos agradecidas en la vida. Lo más difícil es pensar en las cosas buenas que hay en tu vida cuando estas teniendo un mal día, por eso nosotras mantenemos esta lista en nuestro celular para tenerla siempre cerca. Suena tal vez como algo que esta demás pero esta es tu lista de emergencias cuando la vida y sus situaciones te quieren tumbar o simplemente estás cansado de luchar. Es un arma que cuando la aprendes a utilizar, puede cambiar tu estado de ánimo casi instantáneamente. Siempre hay alguien que está peor o deseando lo que tú tienes y en ese momento tu no le estas dando valor a lo que tienes y por eso te sientes mal. Este puede que sea uno de los ejercicios más importantes de este libro.

Bendiciónes en mi vida

Bendición	Por qué?

Queremos terminar dejándote con un pasaje inspiraciónal del libro, El MEJOR VENDEDOR DEL MUNDO por Og Mandino, es el quinto pergamino y te aconsejamos que lo leas como dice el autor que se debe hacer, y es leyéndolo tres veces al día durante treinta días. Para nosotras este es el mejor de los diez pergaminos. Dice:

No perderé siquiera un momento en lamentarme por las desgracias de ayer, las derrotas de ayer ni los sufrimientos de ayer. El ayer ha quedado sepultado para siempre y no pensaré más en él.

Viviré este día como si fuera el último de mi existencia. Tampoco pensaré en el mañana. El mañana yace sepultado con el ayer y no pensaré más en él.

Este día es todo lo que tengo y estas horas son ahora mi eternidad. Elevo los brazos con agradecimiento por este don inapreciable de un nuevo día.

Trataré con ternura y afecto cada hora, porque no regresará jamás. Eludiré con ahínco todo aquello que mata el tiempo. A la indecisión destruiré con acción. Sepultare las dudas bajo la fe. El temor destruiré con confianza. No escucharé a los labios ociosos. No me quedaré donde hay manos ociosas. A personas ociosas no visitaré.

Los deberes de hoy cumpliré hoy. Hoy acariciaré a mis hijos, mientras son niños. Hoy abrazaré a mi mujer y la besaré dulcemente. Hoy le prestaré ayuda a un amigo necesitado. Hoy me sacrificaré y me consagraré en el trabajo.

De este día haré el mejor día de mi vida. Aprovecharé los

minutos hasta su máximo, los saborearé y daré gracias. Trabajaré con más ahínco que nunca. Cada minuto de hoy será más fructífero y fecundo que las horas de ayer.

Viviré este día como si fuera el último de mi existencia.

"CADA DIA PROCURA SER MEJOR QUE AYER. SE TU PROPIA COMPETENCIA. ACOSTUMBRATE A MEDIR TU PROGRESO Y A MANTENERTE ENFOCADO. NUNCA HAGAS LAS COSAS POR SALIR DEL PASO, VUELVETE OBSESIVO CUANDO ESTES HACIENDO ALGO Y PROCURA HACER LAS COSAS CON EXCELENCIA. SE ATREVIDO, NO TENGAS MIEDO, SE ÚNICO, CREATIVO Y HAZTE INDISPENSABLE DONDE QUIERA QUE ESTES. TOMA EL CONTROL DE TU PORVENIR PARA QUE ESTE PUEDA SER EL MEJOR AÑO DE TU VIDA...CREELO!!!"

Jessica, Raquel y Gelena

SOBRE LAS AUTORAS

GELENA SOLANO

Nació en la República Dominicana, graduada en comunicaciones de la Universidad Kean de Nueva Jersey, es colaboradora en Nueva York desde hace 15 años para "El Gordo y la Flaca" programa de entretenimiento a nivel nacional de la cadena Univision.

Gelena comenzó su carrera profesional como la presentadora oficial del segmento del tránsito en las emisoras "Wado" 1280AM y 105.9FM.2 a la vez informaba las condiciones del tránsito y del tiempo en el canal 41 y en el programa "Al Despertar" de Univisión. Fue corresponsal de noticias, del clima y los deportes en el Noticiero Telemundo transmitido en Hartford, Connecticut y Boston Massachusetts.

Participo en la película Feliz Navidad (2006) junto a Raúl de Molina, Giselle Blondet y Luis Jiménez

@Gelenasolanotv

JESSICA PEREIRA

Nació en Venezuela y es locutora profesional, actriz, modelo profesional, presentadora de espectáculos y televisión.

Jessica participa a los 16 años en "Miss Universo Venezuela" y no logró convertirse en reina, luego retorna a Republica Dominicana donde se había establecido anos atrás y comenzó su jornada artística en radio y televisión.

Viviendo en la República Dominicana, Jessica utiliza su popularidad para apoyar diferentes causas que servían a las familias pobres incluyendo donar el premio de su participación en el programa de televisión "Los Famosos Bailan" a una causa benéfica en el país.

En el 2014, la compañía SBS le hace una oferta para trabajar en la Ciudad de Nueva York. Recientemente Jessica celebró sus dos años como la voz femenina y locutora oficial del programa #1 en NY, El Vacilón de La Mañana".

Fundadora y directora de relaciones publicas de NYC Latín Media una compañía que se dedica a buscar, desarrollar y conectar talentos en los Estados Unidos.

@jessicapereirag

RAQUEL UREÑA

Nacida en Estados Unidos es productora de televisión y life coach certificada.
Luego de terminar la universidad en Boston vivió por 5 años en Nueva York donde desarrolló su carrera detrás de las cámaras trabajando en Univisión, King World y HBO. Luego se muda a República Dominicana y allí desarrolla su carrera frente a las cámaras como presentadora de Noticias Telemicro, Ritmo Ny, Vivo en Vivo además conductora de los eventos especiales de Telemicro (afiliada de Univisión) y voz oficial de Digital 15.

Hace tres años, regresa a Nueva York y es fundadora y directora creativa de NYC Latin Media una compañía que se dedica a buscar, desarrollar y conectar talentos en los Estados Unidos. Su blog www.raquelurena.com lo dedica a a la búsqueda de la felicidad. Su pasión es ayudar a transformar el autoestima de mujeres y niñas ayudándoles a desarrollar atributos de confianza en sí misma, conocimiento y aceptación personal. Su misión en la vida es ayudar a la gente a crecer y alcanzar su potencial.

@raquelurenar

RECURSOS ADICIONALES

Si aún no has escogido una carrera o te sientes confundido con la que tienes debes entender tu personalidad y la profesión ideal para ti. Hay muchos sitios en línea donde encontrarás herramientas de autoevaluación fáciles de usar que te van a ayudar a entender tu personalidad y la carrera que podría ser ideal para ti. Los siguientes exámenes que te vamos a recomendar son más profundos y efectivos si lo administra un profesional que pueda interpretar los resultados, pero estas versiones gratis te van a dar una idea clara de dónde debes dirigirte y cómo te debes mercadear sin gastar dinero.

Myers-Briggs

El examen Myers-Briggs es uno de los más reconocidos y utilizados para buscar o definir tu personalidad con cuatro letras. El examen busca identificar si eres introvertido o extrovertido y posicionarte en una de los 16 tipos de rasgos de personalidad que según Myers-Briggs existen. Ellos tienen una versión gratis y una más extensa pagada. Con el gratis para empezar te sentirás más que bien. www.humanmetrics.com

Keirsey Temperament Sorter

Este examen es basado en la teoría de temperamento de Keirsey que divide a las personas en cuatro (4) temperamentos; el guardián, el idealista, el racional y el artesano. Esta prueba mide como las personas se comunican y cuáles tienden ser sus acciones. www.keirsey.com/sorter/register.aspx

Myplan.com

Este examen puede identificar tus motivaciones y lo que realmente es importante para ti en tu carrera. Los resultados te pueden ayudar a decidir a buscar trabajo en industrias que no hayas considerado antes. www.myplan.com/assess/values.php

Big Five

El Big Five divide a las personas en cinco (5) renglones de tipos de personalidad. Este examen te puede ayudar a aprender cuál es tu estilo de aprendizaje, entre otras cosas importantes. http://personality-testing.info/tests/BIG5.php

16personalities

Por su lado, 16 Personalities es un examen muy parecido a Myers-Briggs, incluso utiliza muchas de la mismas teorías. La belleza de este examen es que tú sabrás en cuál de los 16 renglones de personalidad caes, en más o menos 12 minutos. www.16personalities.com/free-personality-test

MAPP Test

Este examen te dice las cosas que te gustan hacer y lo que no te gusta. Esta prueba también te da un listado de trabajos que pueden ser ideales para ti según tus resultados. Lo único malo de este es, que si quieres 20 posibles carreras tienes que pagar, pero te dan la opción de obtener cinco (5) carreras gratis que van de acuerdo a tus resultados. www.assesment.com

MY NEXT MOVE

Este examen te va ayudar a determinar tu interés en relación a los diferentes trabajos con preguntas directas como "¿Te gusta pintar paredes?". www.mynextmove.org/explore/ip

HOLLAND CODE

Esta evaluación divide en seis los temas ocupacionales: Realista, artístico, social, convencional, racional y emprendedor. Este examen identifica los intereses más altos y como se compara con otras áreas, y lo que esto significa para ti. www.truity.com/test/holland-code-career-test

BIBLIOGRAFIA

Covey, S. R. (2005). The 7 habits of highly effective people: personal workbook. London: Simon & Schuster.

Fisher, M. P. (1988). Walt Disney. New York: F. Watts.

FranklinCovey. (n.d.). Retrieved January 05, 2018, from https://www.franklincovey.com/

Hill, N. (2017). Think and grow rich Shippensburg PA: Sound Wisdom.

Kelley, K. (2010). Oprah: a biography. Crown Pub.

Mandino, O. (1985). The Greatest Salesman in the World. New York, NY.: Bonanza Books.

Munroe, M. (2015). In pursuit of purpose: the key to personal fulfillment. Shippensburg, PA: Destiny Image.

Poissant, C., & Godefroy, C. (2001). How to think like a millionaire: the success secrets of ten millionaires. London: Thorsons.

Robbins, A., & Mallouk, P. (2017). Unshakeable: your financial freedom playbook. New York: Simon & Schuster Paperbacks.

The Holy Bible: containing the Old and New Testaments. (2002). Oxford: Oxford University Press.

83854317R00075

Made in the USA
Lexington, KY
16 March 2018